마르틴 부버가 들려주는

만남 이야기

마르틴 부버가 들려주는

만남 이야기

초판 1쇄 발행일 2008년 12월 13일
초판 11쇄 발행일 2022년 10월 5일

지은이 김선욱
그림 조영주
펴낸이 정은영
펴낸곳 (주)자음과모음

출판등록 2001년 11월 28일 제2001-000259호
주소 10881 경기도 파주시 회동길 325-20
전화 편집부 (02)324-2347 경영지원부 (02)325-6047
팩스 편집부 (02)324-2348 경영지원부 (02)2648-1311
e-mail jamoteen@jamobook.com

ISBN 978-89-544-0833-2 (64100)

마르틴 부버가 들려주는
만남 이야기

김선욱 지음

(주)자음과모음

책머리에

《나와 너》는 제가 대학 시절 사랑하는 사람을 만났을 때 읽었던 책입니다. 그때 이 책에 담긴 심오한 진리에 무척 놀랐습니다. 그 이후《나와 너》는 제 마음속에 최고의 철학 책 가운데 하나로 자리를 잡게 되었습니다.

철학 공부를 계속하면서 진정한 만남이란 무엇일까, 참된 대화란 어떤 것일까, 그리고 진정한 만남과 참된 대화를 통해 이루어진 사람들의 공동체는 어떤 모습일까 등은 저의 관심사였습니다. 그런 연구를 하는 가운데 만났던 철학자들이 한나 아렌트, 위르겐 하버마스, 쇠렌 키르케고르, 찰스 테일러 등입니다. 이 철학자들의 책들을 읽고 사색을 하는 가운데에도 마르틴 부버의《나와 너》에서 설명한 깊은 만남을 늘 염두에 두었습니다. 그리고 마르틴 부버의 입장에서 다른 철학자들의 사상을 비교하기도 했습니다.

마르틴 부버는 1878년 2월 8일에 비엔나에서 태어났습니다. 부버가 네 살 때 부모님은 이혼하였고, 부버는 어머니가 떠나는 아픔을 겪어야 했습니다. 이런 슬픔을 가슴에 담고 부버는 할아버지, 할머니와 함께 살게 됩니다. 부버는 할아버지의 영향을 받아 유대인 사이에 비밀스럽게 전해오던 '하시디즘'이라는 영적인 종교의 영향을 깊이 받았습니다. 그리고 오스트리아와 독일에서 철학과 신비주의를 깊이 연구했습니다.

1923년 어느 날, 부버는 어떤 신비로운 황홀함을 경험하게 되고 가슴 속으로부터 느껴지는 어떤 필연적인 힘에 의해 최초로 책을 쓰게 됩니다. 그 책이 바로 《나와 너》입니다. 시간이 흐른 뒤, 그는 "그때 초인간적인 힘을 강하게 느끼게 되었는데 이것을 증언해야 한다는 것을 나는 즉시 느낄 수 있었다"라고 말하였습니다. 이 책은 20세기에 쓰인 책 가운데 중요한 저서 중 하나로 인정을 받고 있으며, 철학자뿐만 아니라 종교학자나 신학자들 사이에도 널리 읽히고 있습니다.

《나와 너》를 읽을 때 우리는 단지 머리로만 생각해서는 안 됩니다. 마음으로 읽고 이해하려고 노력해야 이 책이 가진 깊이를 잘 알 수 있습니다. 관계라는 것이 왜 그렇게 중요한지, 깊은 만남은 어떻게 이루어지는지, 우리는 어떻게 해야 참된 만남을 이룰 수 있는지를 이 책을 통해 깨달을 수 있습니다.

우리가 사는 이 시대는 돈이 가장 중요한 관심사가 되어 버린 듯합니다. 하지만 돈으로는 행복을 살 수 없습니다. 깊은 인간관계는 돈으로 이루어지지 않습니다. 돈을 매개로 한 인간관계는 돈이 사라지면 함께 사라집니다.

그렇다면 우리는 깊은 인간관계 없이는 살 수 없는 걸까요? 이 질문에 대한 대답은, 인간은 원래 어떤 특성을 가진 존재인가에 달렸습니다. 혼자 외톨이로도 행복하게 잘 살 수 있다면 깊은 인간관계를 생각할 필요도 없을 것입니다. 하지만 사람은 그런 존재가 아닙니다. 한자어 '인간(人間)'이라는 뜻이 의미하듯이, 사람은 관계를 떠나서는 사람다운 사람으로 살아갈 수 없습니다.

부버처럼 인간을 진심으로 이해하면, 이 세상이 어떻게 되어야 할 것인가에 대해서도 깊은 생각을 할 수 있습니다. 부버의 조국인 이스라엘이 부버의 충고를 들었더라면 오늘날 어떤 모습의 국가가 되었을지 상상해 봅시다.

유대인은 제2차 세계대전 기간에 독일의 나치스에 의해 무자비한 학살을 당한 민족입니다. 600만 명이라는 엄청난 수의 유대인이 잔인한 죽임을 당했던 것입니다. 그런데 지금의 유대인은 이스라엘이라는 국가를 팔레스타인 지방에 만들고, 거기에 살고 있던 사람들 즉, 팔레스타인을 쫓아냈습니다. 이스라엘 사람들은 지난 수년간 팔레스타인 자치 지구에 큰 벽을 설치했습니다. 높이가 8미터에, 길이 640킬로미터나 되는 장벽을 쌓은 이유는, 이스라엘을 팔레스타인의 테러로부터 보호하기 위해서라고 주장합니다. 하지만 이 장벽은 팔레스타인 사람들을 완전히 고립시켜 그들을 서서히 질식시키고 있습니다.

팔레스타인에서 가장 발달한 도시였던 나블루스라는 곳은 지금 폐허가 되었습니다. 그리고 이곳을 드나드는 모든 길목에는 이스라엘 군대의 검문소가 있습니다. 이곳을 지나쳐야 하는 사람들에게 검문소는 악몽과 같은 곳이라고 합니다. 물 한 모금 마실 장소도, 화장실도 없는 곳에서 줄을 서서 기다려야 합니다. 이스라엘 군대는 갑자기 검문소를 닫아 버리기도 하고, 폭발물을 찾는다고 몇 시간을 지체하는 경우도 다반사라고 합니다. 또 몇 년 전에는 이스라엘군과 팔레스타인 저항대 사이에 길거리 전투가 벌어졌습니다. 이때 길을 가는 열두 살 어린이와 아빠가 이스라엘군이 쏜 총에 맞아 죽었답니다. 이 소식이 신문과 방송을 타고 크게 보도된 적이 있었습니다. 현재 이스라엘의 사정과 마르틴 부버는 어떤 연관이 있을까요?

마르틴 부버도 1923년부터 독일 프랑크푸르트 대학에서 교수로 있다가 1934년에 나치스에 의해 그 직위를 빼앗겼습니다. 그 후 독일의 작은 마을에서 유대인들을 위로하고 용기를 북돋우는 일을 하다가, 1938년 그의 나이 60세에 팔레스타인으로 옮겨가 히브리 대학의 교수가 되었습니다. 팔레스타인 지역에 새로운 국가를 건설하기 위해 유대인의 시온주의 운동이 펼쳐졌는데, 부버도 시온주의자 가운데 한 사람이었습니다.

부버가 주장한 '시온주의'는 현재 이스라엘 정부의 시온주의와는 다른 성격의 주장이었습니다. 그는 이스라엘 국가가 팔레스타인 사람들을 추방하면서 대립적인 관계를 갖는 일을 반대했습니다. 그는 팔레스타인 사람들은 물론이고, 인근에 있는 아랍인들과도 함께 살아갈 수 있는 제도를 만들어야 한다고 주장했습니다. 심지어 부버는 이스라엘이 영토를 확장하는 가운데, 팔레스타인 사람들이 사는 거주지를 파괴하고 거주민들을 학살했던 행위에 대해 잘못을 인정하고, 그들의 땅을 돌려주어야 한다고 주장했습니다. 그러니 부버는 다른 유대인들과는 달랐던 것입니다. 자기 자신의 철학대로 다른 이들과 '나와 너'의 관계를 맺으며 함께 살기를 주장했던 것입니다. 팔레스타인 사람들에 대해 이스라엘이 '나-너'의 관계를 맺지 못하고 있기 때문에 평화를 얻지 못한다는 것입니다. 이들과 좋은 관계를 맺으려면 '나와 너'의 관계를 맺는

게 필수적입니다.

오늘날 이스라엘을 비판하는 유대인들 중에는 마르틴 부버의 영향을 받은 사람이 많습니다. 한 사람은 이스라엘 국가의 정책을 공공연히 비판하다가 자국민의 제지를 받고, 언론 출연을 금지당한 사람도 있어요. 이스라엘 사람들이 마르틴 부버의 말에 좀 더 귀를 기울였다면, 중동지역은 위험하지 않고 아름다운 공존의 지역으로 바뀌었을 것입니다.

이 책은 마르틴 부버가 말한 '나와 너'를 주제로 하고 있습니다.

이제 우리는 주인공 연희의 이야기를 읽으면서, 연희가 동생 아희와 어떤 만남을 갖게 되는지 살펴봅시다. 그리고 우리가 다른 사람과 어떤 관계를 맺고 있는지 돌아봅시다.

2008년 10월

김선욱

C O N T E N T S

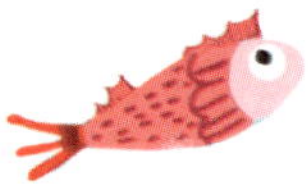

프롤로그

"진짜야? 그렇게 어린 애기가 말을 한다고? 거짓말!"

"정말이라니까! 내가 안고 있는데, '언, 니' 라고 또박또박 불렀다니까! 왜 못 믿는거야?"

"야, 나영이가 '엄마' 하고 부르는 소리도 못 들어 봤는데 어떻게 언니를 부르냐? 아기는 키워 보지 않았어도 그런 건 상식이라고. 순 뻥쟁이!"

글쎄요, 내 친구 가영이에게 동생이 생겼다고 합니다. 그런데 그 아기가 자신을 '언니' 라고 불렀다고 이렇게 우기는 거랍니다.

"아까는 얼굴이 새빨개져서 '끙' 하는데 그게 힘을 주는 소리인 거 있지. 킥킥. 어린 아기도 우리처럼 있는 힘을 다 주면서 응아를 하더라. 나영이가 응아를 하니까 할머니랑 엄마가 '아이고 잘했네' 라고 칭찬하는 거 있지. 아기는 응아만 해도 칭찬받더라고. 엄마는 내가 방귀만 뀌어도 냄새 난다고 저리 가라고 하면서……. 나영이가 '뽕' 하면 그렇게 귀여운가 봐."

동생 흉을 보는 건지 자랑을 하는 건지 가영이의 이야기는 그칠 줄 모릅니다.

"나 내일 너희 집에 가도 돼? '언…니' 하고 부르는 거 나도 좀 들어 보게."

"매일 출근하면서 뭐 새삼스럽게 물어보고 그러냐? 당연하지. 학교 끝나고 같이 오자. 진짜로 보여 줄게."

끝까지 우기면서 가영이가 전화를 끊습니다. 태어난 지 세 달도 되지 않은 아기가 말을 하다니, 지나가던 개가 웃을 얘기 아니겠어요? 칫!

전화를 끊고 내 방으로 들어오는데 왠지 쓸쓸한 기분이 듭니다. 나만 혼자거든요. 친구들은 오빠도 있고 언니도 있어요. 심지어 내 짝은 동생이 둘이나 된다고요. 유일하게 가영이만 형제가 없어서 특별히 친하게 지냈었는데…….

다른 친구들이 언니, 오빠 얘기를 하면 나는 할 말이 없어서 좀 서먹해요. 친구들이 동생과 싸운 후에는 혼자인 나를 부러워하기도 해요. 동생이 엄마한테 고자질해서 야단만 맞는다나요. 그런 얄미운 동생이라도 하나 있었으면 좋겠는데 말이에요.

그런 이야기 안 하고 편하게 놀 수 있는 유일한 친구가 가영이었는데, 가영이마저 동생이 생겼다고 저 호들갑이지 뭐예요. 얼마 전부터 가영이의 엄마 배가 계속 뚱뚱해져서 이상하다 싶었는데 그게 임신이었대요. 그래서 지금 저렇게 귀여운 동생이 생긴 거죠.

동생이 생긴 가영이가 정말 부러워요. 나는 아기를 정말 좋아하거든요. 동생만 생긴다면 목욕도 시켜 주고, 우유도 잘 먹이고, 예쁜 옷으로 매일 갈아입혀 줄 텐데 말이죠.

진짜 아기라면 인형놀이보다 훨씬 재미있지 않겠어요? 인형은 아무리 돌봐도 크지 않지만, 아기는 무럭무럭 자라잖아요. 게다가 말도 하고 웃기도 하고요. 가끔 울거나 귀찮게 굴 때도 있겠지만 그래도 귀여우니까 봐줄 수 있을 거예요. 조금 더 크면 바깥에 데리고 나가 애들에게 자랑도 할 수 있답니다. '내 동생이다!' 이러면서요.

나는 상상만 하는데 가영이는 실제로 동생과 할 수 있으니 무척 샘이 납니다. 그렇지 않아도 요즘 가영이의 인기가 꽤 높아졌어요. 그 이유는 가영이 본인 때문이 아니라 동생 나영이 때문이라고요. 여자애들이 모두 아기를 한 번씩 안아 보려고 가영이한테 모여드니까요.

가영이 부모님은 하나만 낳아 잘 키우자, 이런 계획이었는데 가영이의 성화에 못 이겨 가영이 동생을 낳으신 거래요. 혼자라서 외로울 가영이를 생각해서요.

당연하지요! 혼자가 아닌 사람은 모를 거예요. 엄마 아빠가 없는 집에 혼자 있는 게 얼마나 심심한지……. 누구나 가끔 혼자 있고 싶다지만 나는 언제나 혼자예요.

나영이를 몰래 데려올까? 물론 하나 마나 한 소리겠죠. 그러지 말고 엄마에게 낳아 달라고 떼를 써 보라고요? 누가 그걸 모르겠어요? 동생은 엄마 아빠 사이에서 생기는 거잖아요. 그래서 소용없어요.

엄마는 내가 조금 컸을 때부터 동생을 가지려고 무척 애쓰셨대요. 엄마나 아빠 모두 나만큼 아기를 좋아하거든요. 아마 가능하기만 했다면 다섯 명은 거뜬히 낳으셨을 거예요. 도리어 동생을 그만 낳아 달라고 해야 할 만큼이요.

그런데 나를 낳고 무슨 이유에서인지 더는 아기가 생기지 않았대요. 그걸 병원에서는 '불임' 이라고 한다네요. 그 진단을 받고 엄마, 아빠는 지금도 무척 슬퍼한답니다. 아기를 가질 수 없으니까 말이에요.

이러니 내가 조른다고 해결될 문제도 아니고…… 이런 걸 운명이라고 해야 하나요? 내 힘으로는 어쩔 수 없는 일 말이에요.

나는 침대에 누워 복실이를 꼭 끌어안았습니다. 말도 못하고, 자라지도 않고, 울지도 않는 내 곰 인형 복실이.

운명이라고 생각하고 말지만 가영이가 참 부럽습니다. 나도 동생이 있었으면 좋겠어요!

1

동생이 생겼어요!

1. 나에게도 동생이!
2. 빨리 만나고 싶어
3. 반가워 아희야
4. 새로 생긴 자리

태초에 관계가 있었다. — 마르틴 부버

1 나에게도 동생이!

"우리 공주님, 일어나요."

내 얼굴을 쓸면서 깨우는 아빠의 목소리에 부스스 눈을 떴습니다. 아, 그러고 보니 오늘은 학교 안 가는 토요일이네요. 내가 좋아하는 날이지요. 가장 좋아하는 날은 내 생일, 그 다음은 어린이날, 크리스마스, 그리고 노는 토요일이랑 방학. 역시 좋아하는 날은 노는 날뿐이네요. 히히.

내 생일이 가장 좋은 이유요? 그날 하루는 내가 원하는 대로 할 수 있기 때문이랍니다. 학원에 가기 싫으면 가지 않아도 되고, 문제집을 풀지 않아도 되고……. 게다가 선물도 엄청 많이 받을 수 있거든요.

그날은 엄마 아빠도 무조건 내가 하자는 대로 해 주지요. 하지만 사실은 평소에도 거의 내 맘대로이긴 합니다. 의견이 달라 싸울 형제가 있는 것도 아니고 컴퓨를 먼저 하겠다고 경쟁하지 않아도 되니까요. 혼자라서 좋은 점은 이런 거겠죠?

"아빠, 회사 안 가셨어요?"

아빠가 다니는 회사는 일요일만 쉬기 때문에 노는 토요일에는 엄마랑 둘이서 박물관에 가고 영화도 보러 가고 그랬거든요. 그런데 오늘은 아빠가 집에 계시네요.

"오늘은 연희랑 놀고 싶어서 회사 하루 땡땡이쳤어. 연희야, 어때? 좋지?"

아빠가 눈을 찡긋했습니다. 그건 뭔가 깜짝 이벤트가 있다는 의미인데……? 아빠가 나에게만 특별히 사인을 보낼 때 짓는 표정이거든요. 한쪽 눈만 찡긋하는 윙크를 못해서 두 눈을 깜박이는 게 아빠의 윙크랍니다. 나에게 줄 선물을 숨겨 왔거나, 엄마에게 비밀로 할 일이 있을 때 하는 우리 둘만의 윙크예요.

"아빠 뭔가 있구나? 뭔데요? 얼른 말해 주세요."

궁금증을 참지 못한 나는 자리에서 벌떡 일어났습니다. 방금 이 사인은 뭘까요? 깜짝 선물일까요? 아니면 엄마에게 숨겨야 할 비밀이 생긴 걸까요?

"아빠, 어젯밤에 술 마시고 새벽에 들어온 거 아니에요? 엄마한테 혼날까 봐 나한테 도움을 청하는 거구나. 그렇죠?"

"이 녀석아, 아빠가 언제 그랬냐? 딱 한 번 그런 걸 가지고……. 남들이 들으면 오해하겠다. 얼른 일어나기나 해. 밥 먹자. 흠."

그러면서 아빠가 일어나 먼저 나갔습니다. 보세요. 헛기침을 '흠흠' 하면서 나가는 모습을 보니 내 말이 맞을 거예요. 딱 한 번이라고 우기지만 사실 아빠는 친구를 만나느라 집에 늦게 들어오는 날이 종종 있거든요. 아빠는 아주 일찍 즉, 12시가 넘었으니까 이른 새벽에 들어온 거라고 주장하고, 엄마는 12시를 넘으면 다음 날에 들어온 거라고 주장하면서 티격태격 한답니다.

그럴 때 아빠의 구원투수로 내가 나서는 거죠. 엄마에게 애교를 부리면서 아빠를 한 번만 봐 달라고 하면 엄마도 더는 뭐라고 못합니다. 나는 금지옥엽! 이 집의 외동딸이니까요. 이런 것도 형제가 없는 장점 중의 하나라고 할 수 있겠죠? 하하하.

아, 오늘도 이 몸이 나서야겠습니다. 길어지는 엄마의 잔소리로부터 아빠를 구해 내려면요. 이번에 아빠는 어떤 이벤트를 준비했을까요? 음…… 이벤트 생각을 하자 나는 기분이 좋아졌습니다.

"연희야, 어서 세수하고 눈곱 떼고 와라. 밥 먹게. 참, 찬물 한 컵 먼저 마셔야지. 자, 여기 있다."

그러면서 엄마가 물을 한가득 따라 주었습니다. 맹물 한 컵 마시기는 고통스럽습니다. 차라리 우유라면 벌컥벌컥 마실 수 있겠는데 물은 정말 힘들어요. 그런데도 엄마는 잊지 않고 매일 아침 물을 마시랍니다. 이래야 건강에 좋다나요?

혼자라서 좋지 않은 점은 바로 이것입니다. 부모님의 관심을 몽땅 나 혼자 받아야 한다는 거죠. 내 생활 하나하나를 엄마가 간섭해요. 혼자뿐이니까 온통 나에게만 매달린다니까요. 엄마가 신경 쓸 다른 것이 많아야 나를 덜 괴롭힐 텐데요.

엄마 아빠가 나만 보고 있다는 것, 그게 얼마나 큰 부담인지 겪어 보지 않은 사람은 모를 거예요. 아, 불쌍한 연희. 이럴 때는 '동생이 열 명쯤 있어서 나 하나쯤은 잊어 버렸으면' 하는 생각이 들었습니다. 아니, 동생 열 명을 둔 언니는 너무 고달프니까 가운데 살짝 끼어 있는 게 낫겠지요.

대충 얼굴을 씻고 식탁에 앉았습니다. 물론 억지로 찬물 한 잔도 들이켰지요.

"연희야, 사실은 오늘 너에게 중대한 의논을 하려고 해."

막 숟가락을 드는데 엄마가 갑자기 말을 꺼냈습니다. '중대한 의논'이라고 말하지 않아도 엄마의 표정이 너무 진지해서 정말 중대한 일 같았습니다.

설마 밤 10시까지 수업하는 학원에 보내겠다는 말은 아니겠지? 내 짝도 그 학원에 다닌 적이 있는데 정말 힘들다고 했거든요. 선생님들도 무섭고, 숙제도 많고, 틀린 문제를 다 맞힐 때까지 집에 보내 주지 않는 공포의 학원! 내 짝도 매일 울면서 엄마를 졸라 겨우 그 학원을 그만두었다고 했습니다.

아, 내 수학 점수가 낮다고 엄마가 거기에 보내려는 건 아니겠지? 설마…….

엄마의 진지한 얼굴 표정을 보며 나는 침을 꼴깍 삼켰습니다. 나는 미래의 새싹, 자라나는 어린이라고요! 초등학생 시절의 황금기를 학원에서 보낼 수는 없어요!

형제가 여럿이면 엄마도 이렇게 내 성적에만 신경 쓰지 않을 텐데……. 가영이는 동생이 생긴 뒤로 엄마의 관심이 뚝 끊겼다고 했습니다. 엄마가 아기 보느라고 공부하라는 잔소리도 잊어버린 것 같다고요. 나는 진심으로 가영이가 부러웠습니다.

이런저런 생각으로 나는 엄마의 말을 기다렸지요.

"연희야, 너 동생 갖고 싶다고 했지? 동생 낳아 달라고."

엄마가 내 속마음을 읽기라도 했을까요? 동생이 생겨 내 부담을 좀 덜어 줬으면 했는데 정말로 그 얘기를 꺼내다니. 엄마가 진짜로 하고 싶은 말이 무엇인지 궁금해서 나는 의자를 바짝 끌어당겨 앉았습니다.

"엄마하고 오랫동안 생각해 봤다. '우리도 연희 동생을 하나 가지면 어떨까' 하고 말이야."

아빠가 엄마를 대신해 말을 이었습니다.

"동생? 엄마, 그럼 아기 가질 수 있는 거야? 가영이 엄마처럼 임신하려고? 진짜?"

나는 눈이 휘둥그레져서 엄마, 아빠를 번갈아 쳐다보았지요. 끔찍한 수학 학원에 보내겠다는 게 아닌 건 확실한데, 이건 또 무슨 말인지 이해가 되지 않았습니다. 엄마는 불임이라 동생을 낳을 수 없다고 했는데…… 도무지 모르겠어요.

"음…… 그게 엄마가 아기를 가질 수는 없지만, 네 동생을 가질 수는 있어.”

엄마가 내 눈을 보며 말을 했습니다.

“아기를 못 갖는데 동생이 어떻게 생겨? 엄마가 안 낳으면 누가 주는데?”

나는 이해가 되지 않아 또 물었습니다.

“엄마, 아빠가 낳은 아이는 아니지만, 우리의 가족이 될 수 있는 아이.”

“무슨 말이냐면 입양을 하려고 하는 거야. 그래서 연희, 네 의견을 물어보려고.”

엄마의 말을 아빠가 명확하게 정리를 해 주었습니다. 그러니까 누군가 낳은 아이를 내 동생으로 우리집에 데리고 온다는 뜻이었던 것입니다.

“입양이라고?”

나는 양손을 턱에 괴었습니다. 그렇게 바라던 동생이지만 막상 입양해서 동생이 생기는 일은 상상하지 않았으니까요. 텔레비전에서 입양하는 가족들 모습을 보거나 연예인이 아이를 입양했다는 소식을 듣기는 했습니다. 그러나 그것이 내 일이 될 것이라고는 생각하지 않았습니다.

"당장 네 대답을 들으려는 것은 아니야. 엄마 아빠가 아주 오랫동안 의논했던 것처럼 너도 생각할 시간이 필요할 테니까. 누군가를 우리 식구로 받아들이는 건 쉽게 결정할 문제가 아니거든."

아빠가 내 어깨에 손을 얹으면서 말했습니다. 아, 이래서 아까 나에게 눈을 찡긋했던 거예요. 깜짝 이벤트가 있을 때의 신호! 두 눈으로 하는 윙크 말입니다.

"엄마는 네가 형제와 같이 자랐으면 좋겠어. 친자매가 아니라도 우리 식구가 되면 모두 한가족이야. 엄마 생각은 그래."

그래요. 내가 바라던 것이 그거였죠. 형제가 있으면 좋겠다는 바람! 가영이가 동생이 생겼다는 소식을 들은 뒤로 내내 바라던 일이었는데 망설일 게 없다는 생각이 들었습니다.

"좋아. 그렇게 해. 꼭 엄마가 낳아야만 내 동생인 건 아니니까."

내가 흔쾌히 승락하자 엄마와 아빠의 눈이 동그래졌습니다. 내가 어떻게 받아들일지 몰라 어렵게 말을 꺼냈는데 예상치 못했던 내 반응에 놀라신 모양이에요.

"오, 우리 연희 다시 봤어. 엄마 아빠는 몇 달을 고민한 문제인데……. 역시 우리 딸이야."

아빠가 추켜세우는 바람에 어깨가 으쓱했습니다. 사실은 나에

아빠
엄마
나
동생?

게만 집중되는 관심을 나눠 가질 형제가 있어야 엄마가 공부도 덜 시킬 거라는 계산이 있었던 건데 말이에요. 히히.

"연희도 동의했으니까 지금 가 봅시다. 더 오래 끌 것 뭐 있나. 안 그래요?"

"참, 이이도! 성격도 급하다니까. 그렇게 그 애가 보고 싶어요? 하긴 어차피 우리 식구가 될 건데 빨리 데리고 와야지요."

동생으로 올 아이가 이미 정해져 있던 건가? 그 애가 보고 싶다고? 나는 갑자기 이상한 배신감이 들었습니다. 내 허락도 없이 동생을 정하다니. 나는 착하고 언니 말을 잘 들을 동생을 생각하고 있었는데, 엄마 아빠 둘이서만 벌써 결정해 버린 것입니다.

나는 엄마 아빠를 따라나설 준비를 했습니다.

2 빨리 만나고 싶어

우리는 아빠가 운전하는 차에 올랐습니다. 창밖을 보니 벚꽃이 흩날리고 있었습니다. 꽃비라고 해야 할까요, 아니면 꽃눈이라고 해야 할까요.

벚꽃이 바람을 타고 사르르 내려앉는 모양이 참 아름다웠습니다. 그 모습을 보고 있으니 갑자기 울컥 눈물이 날 것 같았습니다. 사춘기라서 그런가…… 헤헤.

"아, 참 곱다. 봄님은 잊지 않고 또 찾아왔네. 시계가 따로 있는 것도 아닌데 어떻게 제때를 알아서 피어날까."

엄마가 앞자리에서 혼잣말을 했습니다. 엄마도 사춘기일까요? 아니면 동생을 만나러 가는 마음이 설레어서 그러는 걸까요?

"그러게 말이야. 해마다 보지만 볼 때마다 감탄스럽다니까. 새로운 계절이 되고 새로운 날을 맞으면 늘 그 만남이 설레인다고. 나이가 들수록 새삼스레 더 느끼게 되던데."

아빠가 엄마의 말에 맞장구를 쳤습니다. 모두 시인 가족이라도 되려나 보지요?

"만남이라…… 참 좋은 말이지. 그러고 보니 당신 처음 만났을 때가 생각나네. 껄껄."

"아이 참, 또 그 얘기 하려고 그러죠? 잊고 싶은 추억인데 왜 자꾸 꺼내고 그래요!"

엄마가 살짝 눈을 흘겼습니다.

아빠가 술을 마실 때마다 엄마와 아빠의 첫 만남에 대해 말해서 나도 그 현장에 있었던 것처럼 생생하답니다.

문이 막 닫히려는 지하철에 엄마가 날쌔게 뛰어 들어왔는데, 글쎄 가방이 문에 끼었대요. 사람이 워낙 많았던 지하철이라서 엄마는 얼굴이 새빨개져서 바닥만 내려다보고 있었는데 바로 그 앞에서 있던 사람이 우리 아빠였대요. 엄마의 당황하는 모습이 예쁘게 보여서 말을 걸었고 그 후, 두 분이 결혼하면서 내가 태어나게 된 거죠.

그날 엄마는 맞선을 보러 가던 길이었다는데, 핸드백이 지하철 문에 걸리지 않았다면 나는 태어나지도 못했겠죠? 엄마가 예정대로 맞선을 보러 갔다면 내가 아닌 다른 아이가 태어났을 거고 아빠도 그 시각, 같은 지하철을 타지 않았다면 역시 나는 세상에 없었을 테지요.

휴, 하마터면 세상 빛도 못 볼 뻔했지 뭐예요.

우연히 엄마 아빠가 만난 덕분에 내가 태어난 건데…… 가만, 그게 우연이 아니고 필연인가? 외동딸로 태어난 것이 내 운명이라고 생각하고 있었는데. 그렇다면 부모님의 만남이 필연이어야 하는 거 아닌가? 아, 갑자기 머릿속이 복잡했습니다.

"첫 만남이란 건 항상 설레는 일 같아. 지금 우리가 아희를 만나러 가는 기분처럼."

"아희? 그 애 이름이 아희에요?"

아빠의 입에서 낯선 이름을 듣자 기분이 묘했습니다. 아빠 입에서는 '연희' 라는 이름만 나올 것 같았는데 말이에요.

"그래. 그래서 우리 만남은 우연이 아니라 필연이라는 생각이 드는구나. 어쩌면 꼭 친자매인 것처럼 이름도 '연희', '아희' 이렇게 되잖니."

"목사님이 말씀하신 철학자 마르틴 부버도 그랬다잖아요. '너와의 만남 가운데 영원한 삶의 입김이 우리를 스친다' 라고요. 영원한 삶을 '너'와의 만남 속에서 맛볼 수 있다는 것이라는데, 당신과 내가 만나고, 연희, 아희도 만나고. 이런 만남 속에 영원한 삶이 있다 그런 얘기 아니겠어요?"

엄마가 갑자기 이해하기 힘든 말을 꺼냈습니다. 부버는 뭐고, '너와의 만남'은 또 뭐라는 거지요?

"당신, 한 번 들은 얘기를 잊지 않고 잘 기억하네. 대단한 걸. 허허, 그렇지. 새 가족을 만나면서 우리도 영원한 삶의 입김 좀 스쳐 봅시다. 허허."

아빠는 동생을 만나는 것이 정말 신나나 봐요. 얼굴에서 웃음이 사라지지 않잖아요.

아희인지, 어희인지, 그 애와의 만남으로 우리 집에 큰 변화가 일어날 건 틀림없어요.

그렇게 바라던 여동생 아희. 어떻게 생겼을까? 몇 살일까? 귀여울까?

아, 그러고 보니 나는 아희에 대해 아는 것이 하나도 없네요.

"엄마, 아희는 어때요? 예뻐요? 근데 왜 고아가 되었어요?"

궁금증이 생겨 물었더니 엄마가 싱긋 웃으며 대답했습니다.

"연희가 아희 만날 생각에 들떴나 보구나. 아희 부모님이 어떤 사람인지 엄마 아빠도 잘 몰라. 갓난아기였을 때 교회 앞에 누가 놓고 갔대. 교회 목사님 부부가 그동안 아희를 키우셨는데 사정이 생겨 아희를 입양할 새 가족을 찾게 되었단다. 그 분이 우리 교회 목사님과 친분이 있어서 우리에게도 말씀을 꺼낸 거야."

"지금 여섯 살인데 아주 밝고 명랑한 아이더구나."

아빠가 아희의 나이를 알려 주었습니다.

갓난아기 때 버려졌다는 말을 들으니, 아희가 너무 가엾고 안쓰러웠습니다. 얼른 아희를 만나고 싶었습니다. '내가 좋은 언니가 되어 잘해 줘야지' 이렇게 결연한 의지도 다지면서요.

"아참, 그때 목사님이 영원한 삶을 맛보는 것은 그 가운데 관계가 들어가기 때문이라고 하셨는데 말이 어려워서 그런지 난 잘 모르겠더라고요. 아희와 만나는 게 영원한 삶과 무슨 상관이라는 건지…… 그냥 끄덕이긴 했지만 이해가 안 된다니까요. 당신은 그

말 뜻 다 알겠어요?"

"글쎄, 우리가 개인이기 이전에 다른 사람들과 관계를 하는 게 먼저라고 하셨잖아. 영원한 삶, 혹은 영원한 존재는 이미 관계라는 거지. '개인주의' 라고 하잖아. 그러니까 개인 혼자서만 살아가는 게 아니라 다른 사람과의 관계 속에서 '나와 너' 의 만남을 가질 때, 그 관계의 뿌리인 '영원한 존재' 를 만나는 것이다, 그런 것 아니겠어? 제대로 이해한 건지는 모르지만, 아무튼 아희를 만나 이렇게 관계를 맺게 된 데에는 엄청난 의미가 숨어 있는 것만은 분명해. 그렇지?"

엄마, 아빠가 도대체 무슨 말을 하는 건지 모르겠어요. 아희를 만나러 가면서 이렇게 철학적으로 생각해야 하는 이유가 있을까요? 어른들이 하는 어려운 이야기에 머리만 아파질 것 같아 딴청을 피웠습니다.

차 유리에 입김을 '호' 불어서 뿌옇게 만들고 손가락으로 글씨를 썼습니다.

'연희 동생, 아희'

이렇게 쓰고 보니까 원래부터 내 동생이었던 것처럼 '아희' 라는 이름이 친근하게 느껴졌어요. 아! 내일 당장 가영이를 만나면

실컷 자랑을 해야겠어요. 나도 동생이 생겼다고요. 만날 나영이 얘기만 하는 가영이에게 나도 할 말이 생기겠죠? 신나게 아희 자랑을 할 생각에 슬슬 웃음이 나오는걸요.

'아희야, 기다려. 언니가 간다!'

3 반가워 아희야

드디어 교회에 도착했습니다. 교회 마당에도 봄이 가득 들어왔나 봅니다. 온갖 꽃이 다 피어 있었지요.

일요일에는 자동차들로 가득해서 복잡한 마당이었는데 토요일에 오니까 엄청 넓어 보였어요. 주변에 나무가 이렇게 많았는지도 몰랐어요. 교회가 새삼 달라 보일 정도로 말이에요.

교회 입구로 들어가는데 가슴이 콩닥거렸습니다. 우리 집처럼 편하게 드나들던 곳이었는데 오늘은 처음 오는 것 같은 기분이었지요. 심장이 두근두근 거렸습니다. 옆에 있는 엄마가 소리를 들을 만큼 심하게 두근거렸지요.

시험지를 받아 놓고 연필을 들 때의 기분이랄까? 긴장하면 가슴이 세게 쿵쿵거리잖아요.

그렇지만 지금 콩닥거리는 건 시험 볼 때의 떨림과는 좀 달랐습니다. 모르는 문제가 나올까 봐 두근거리는 건 피하고 싶은 긴장감이지만, 지금은 그렇지 않으니까요. 떨림이 아니라 설렘이 더 맞는 표현이겠죠. 그래서 만남을 '설렘'이라고 하는 건가 봐요.

"여기가 이제 네 동생이 될 아희다. 아희야, 인사드려. 이제부터 너는 연희네 가족이 되는 거야."

목사님이 말하자 아희가 조그만 목소리로 인사했습니다. 상상했던 것보다 훨씬 조그마해서 더 어린 아이 같았습니다. 얼굴이 하얗고 눈이 까매서 귀여웠지요. 뛰던 가슴은 막상 아희를 만나니 평소처럼 가라앉았습니다. 궁금증이 다 해소되어서 그런 건가.

아희의 첫 인상은…… 음, 특별한 생각이 들지 않았습니다. 이렇게 그 아이와 마주 보고 있다는 사실이 믿기지 않고, 이제부터 내 동생이라는 것도 실감이 나지 않았습니다.

"아줌마하고 아저씨는 전에도 봤지? 아, 이제부터는 엄마, 아빠라고 해야겠구나. 아희야, 널 만나게 돼서 정말 기뻐."

"우리 같이 잘 지내 보자. 여기 언니가 있으니까 아희도 심심하지 않을 거야. 연희야, 그렇지?"

엄마와 아빠는 활짝 웃으며 아희의 머리를 쓰다듬었습니다. 부모님은 이 일이 정말 좋은 모양입니다.

오늘 아침에 소식을 듣고, 바로 이렇게 그 애와 마주하니 낯설긴 했지만 기분은 좋았습니다. 이제 나 혼자 집을 지키지 않아도 되니까요.

아희는 꼬질꼬질한 인형을 꼭 끌어안고 눈만 깜박였습니다. 어쩌면 이 낯선 기분은 나보다 아희가 더 크게 느끼겠지요. 아희는 나보다 훨씬 어리고 조그만 아이니까요.

"자, 여기들 앉지요. 다리 아프게 서 있지 말고."

목사님은 우리를 의자에 안내하고 물을 끓였습니다. 목사님은 컵에 봉지 커피를 넣고 물을 부은 뒤 살살 저었습니다. 커피 냄새가 방 안에 은은하게 퍼졌습니다. 목사님은 나와 아희에게 요구르트를 하나씩 주셨습니다. 나는 요구르트 끝을 이로 살짝 눌러서 뚫은 다음 쪽쪽 빨아 마셨습니다. 요구르트는 이렇게 먹어야 제맛이거든요. 빨대로 쪽쪽 빨아 마시는 건 너무 금방 마시게 되어서 이런 맛이 안 나지요. 입에 꼴깍 털어 넣으면 두 모금도 채 안 되는 요구르트지만 쪽쪽 빨아서 마시면 한참 마실 수 있어요.

그런데 옆에 앉은 아희도 나랑 똑같이 먹고 있지 뭐예요? 어떤 애들은 요구르트병의 밑 부분을 이로 뜯어서 마시기도 하지만 난 꼭 위쪽을 뚫어서 먹는답니다. 아희가 내 버릇과 똑같이 하는 모습을 보니까 친근하게 느껴졌습니다. 우리 둘이 나란히 앉아서 요구르트를 똑같은 방법으로 먹고 있다는 건 역시 우연은 아닐 거예요. 어쩌면 우리가 자매로 될 것은 이미 정해져 있었던 일이었는지도 몰라요.

"이제 목사님 말씀처럼 저희 가정에도 영원한 삶의 입김이 스칠 것 같습니다. 안 그래요, 여보?"

"그러게요. 저도 아희를 만나게 된 것이 하나님의 선물이고 필연이란 생각이 들어요."

아빠의 말에 엄마가 웃으면서 대답했습니다. 교회로 갈 때부터 영원한 삶이니 필연이니 하더니 또 그 얘기를 하나 봅니다.

"그렇습니다. 사람들은 대부분 세상이 자신의 중심으로 돌아간다 생각하지요. 하지만 사람들은 다른 사람들과의 관계 속에서 살고 있어요. 아희를 필연적으로 만나게 된 것도 그런 관계 중에 하나일 거고요."

"저희도 아희를 입양하게 된 계기로 그런 걸 많이 생각하게 되었어요. 세상은 혼자만 사는 것이 아니니까요. 연희도 지금까지 혼자 커서 자신만 아는 아이가 되면 어쩌나 걱정스럽기도 했거든요. 이런 기회가 있어서 정말 다행이에요."

엄마는 참, 왜 얌전히 있는 내 얘기를 자꾸 하지?

"연희가 혼자라니요. 세상에 '나' 하나만 있는 사람은 없답니다. 그래서 철학자 마르틴 부버는 우리 인간이 존재하기까지 어떤 과정을 거쳤는지 살펴보라고 했지요."

목사님의 말을 엄마와 아빠가 진지한 표정으로 듣고 있었습니다. 꼭 주일에 교회 와서 설교 듣는 것처럼 말이지요. 어차피 내일도 교회에 와서 목사님의 설교를 들어야 하는데 꼭 지금 이렇게 어려운 말을 들어야 하는지 모르겠어요.

"우리 모두는 성인이기 전에 어린이였고, 어린이이기 전에 아기였고, 또 아기이기 전에 엄마의 배 속에 있는 태아였지요?"

당연한 얘기 아니겠어요? 나도 아기였던 때가 있었고, 그전에는 엄마 배 속에 있었을 테니까요. 물론 기억나지 않지만요. 아희도 우리 엄마 배 속은 아니지만, 누군가의 배 속에 있다가 태어난 건 분명한 거잖아요.

나는 속으로 이런 생각을 하면서 목사님에게 대꾸하고 싶었지만 참았습니다. 빨리 집으로 가서 아희랑 할 일이 생각났거든요. 바로 '착한 동생 수칙'을 만드는 것입니다.

목사님 방에 붙어 있는 십계명을 보다가 갑자기 떠오른 것이랍니다. 이제 아희는 내 동생이 되었으니까 동생으로서의 규칙이 있어야 하지 않겠어요? 나는 언니니까 언니답게 행동해야 하잖아요. 언니 대접을 받으려면 동생을 잘 교육시켜야 하고요.

아희는 어른들의 얘기가 지루할 텐데도 얌전히 앉아 있었습니다. 일단 차분한 건 맘에 드는 걸요. 이 정도면 내 말에도 고분고분 잘 따를 것 같아요.

나는 어른들의 대화가 빨리 끝나기만을 기다리며 조용히 앉아 있었습니다.

"부버에 따르면 우리 인간의 최초 모습은 태아이고, 태아는 엄마와 분리되어서는 생각할 수 없이 엄마와 연결된 존재라는 것입니다. 그래서 인간의 가장 근본적인 모습은 관계 속의 모습이라는 것이지요."

"아, 그래서 부버는 '태초에 관계가 있다'라고 말했던 거군요."

목사님의 설명에 아빠가 고개를 끄덕이며 말했습니다.

"그렇습니다. 태아는 순수한 관계 속에 존재하고 있으며, 기본적으로 분리되지 않고 있지요. 이 태아가 태어나서 엄마의 배 속에서 나오면 개인으로서의 삶으로 들어가게 됩니다. 그렇다고 해서 그 개인은 아직은 완전한 개인이 아닙니다. 아기의 시절과 어린이의 시절을 거쳐 점차 성숙한 개인으로 되어 가는 것이지요."

차 안에서 엄마 아빠가 얘기할 때는 무슨 말인지 몰랐는데 목사님의 말씀은 금방 이해가 되었습니다. 목사님이 말씀하신 '관계'가 중요하게 느껴졌어요.

아, 그나저나 언제 끝날까요? 좀이 쑤셔서 엉덩이가 들썩이려고 했습니다. 동생을 맞이하는 신고식치고는 너무 지루한 걸요.

"연희가 배 속에 있을 때의 초음파 보셨지요? 아기는 태아 시절의 엄마와 자신에 대한 기억을 갖고 있어요. 그래서 잠시 깨어 있을 때에는 관계를 맺으려고 노력합니다. 아기가 앞을 보면서 손으로는 무언가를 만지려고 조물락거리는 모습을 본 적이 있을 것입니다. 이는 아기가 만물을 '너'로 보면서 '너'와 만나려는 충동이 있음을 보여 주는 것이지요."

엄마는 그때 일이 생각났는지 감격에 찬 모습이었습니다.

"정말 그런 것 같아요. 초음파로 연희의 모습을 보는데 저에게 안길 듯이 꿈틀거리던 모습이 생각나요. 손가락도 빨고 발로 제 배를 뻥뻥 차기도 하면서요. 호호."

아빠도 엄마 옆에서 흐뭇한 미소를 지었습니다. 나는 기억나지도 않는 일로 엄마랑 아빠가 좋아하면서 얘기하는 걸 보니 마치 내 얘기가 아닌 것 같았습니다. 나도 그 초음파 사진이 보고 싶어지는걸요. 내가 정말 엄마 배 속에서 그랬을까요?

"허허. 첫 아이라 무척 감격스러우셨겠어요. 이렇게 인간은 태어날 때부터 관계 속에 있고, 따라서 관계가 근본적인 인간의 모습이랍니다. 그런데 인간은 태어난 후 관계를 점차 잊고, 자신의 존재만이 가장 근원적인 것으로 착각하게 되지요. 이러한 착각 가운데 가장 심각한 것이 자신이 세계의 중심에 있다는 생각 즉, 유아론이에요."

"그렇군요. 그런 의미에서 관계가 '나' 보다 더 근원적이란 말씀이군요."

아빠가 말하자 목사님이 고개를 끄덕이며 대답했습니다.

"맞아요. 개인이 잃어버린 그 관계를 다시 회복해야 한다는 것이 부버의 주장이에요. 근본적인 관계로 다시 돌아가자는 것이지요. 그런 의미에서 연희네는 참 훌륭한 결정을 내리셨어요. 그 뜻에 깊이 감사드립니다."

"아니, 저희가 더 감사해야 하죠. 아희를 통해 근본적인 관계를 다시 회복할 수 있게 되었으니까요."

엄마와 아빠가 동시에 입을 모아 말했습니다.

"무엇보다도 연희의 결정이 컸어요. 연희가 반대했으면 하지 못했을 거예요."

엄마가 말하면서 나를 쳐다봤습니다.

"그럼요, 그럼요. 요즘 아이들은 혼자만 사랑받고 싶어 할 텐데, 연희 마음이 예쁘니 이런 기특한 일도 하는 것이지요. 연희야, 정말 장하다."

평소에 좋아하던 목사님에게 이런 칭찬을 들으니 어깨가 으쓱해졌습니다. 내가 정말 대단한 일을 한 것처럼 스스로 자랑스러운 생각도 들었고요. 아무렴요, 최종 결정권자인 내가 거절했으면 아희는 내 동생이 되지 못했겠죠. 나는 마음이 예쁜 아이거든요. 헤헤헤.

4 새로 생긴 자리

"목사님, 그럼 저희는 그만 돌아가 보겠습니다. 좋은 인연을 맺게 해 주셔서 감사해요."

"제가 도리어 감사하죠. 아희가 따뜻한 가정 안에서 행복하게 자라기를 기도하겠습니다. 연희야, 아희와 잘 지내야 한다. 연희가 언니 역할을 잘 해 주겠지?"

"네! 걱정 마세요, 동생 수칙 만들어서…… 아니, 아니에요. 아무튼 잘 하겠습니다!"

동생 수칙이라는 말에 모두 어리둥절한 표정을 짓다가 나의 씩씩한 인사에 웃음을 터뜨렸습니다. 생각하고 있던 동생 길들이기 계획을 나도 모르게 말하려다가 얼른 멈춘 게 다행이에요. 휴.

나는 보란 듯이 아희의 손을 잡고 계단을 내려갔습니다. 그 모습을 보고 어른들은 흡족한 표정을 지으셨지요. 아희는 자신이 입양이 된다는 사실을 아는지 모르는지 말 없이 내 손에 끌려 내려왔습니다.

"모싼임, 안녀계세요."

아희가 정확하지 않은 발음으로 꾸벅 인사했습니다.

"어머머, 아희 정말 귀여워요. 아희는 인사도 잘하네. 응?"

엄마는 아희가 귀여워서 어쩔 줄 몰라 하며 아빠를 바라봤습니다. 아빠도 활짝 웃으면서 아희의 나른 손을 잡았습니다.

"우리 공주님 어서 가요. 여보, 아희의 방도 꾸며 줘야겠는걸."

'우리 공주님' 이라니 저건 나를 부를 때만 쓰는 말인데…….

아빠와 엄마가 이렇게 좋아하시는 걸 보니 나는 기쁘기도 하면서 한편으로는 서운한 마음이 들었습니다. 나에게만 쏟아지는 관심을 가져가 줄 동생이 있었으면 했는데, 막상 소망이 이뤄지니 온전히 좋은 기분만 드는 것은 아니네요.

"아희는 좋겠네. 방도 생기고, 가족도 생기고. 아희야, 매주 교회에서 만나자. 잘 가."

우리는 인사를 하고 돌아섰습니다. 목사님은 아희를 보내는 아쉬움 때문에 멀어지는 우리 식구를 보며 한참 동안 손을 흔들었습니다.

"운동기구가 있는 방을 비워서 아희 방을 만들어 줍시다. 잘 쓰지도 않는데 그거 치우고, 예쁜 벽지도 발라서 말이야."

"그래요. 아희는 아직 어리니까 연노랑 색이 좋겠어요. 책상은 당장 필요하지 않겠고, 음…… 안전 보호대가 있는 침대는 하나 있어야겠어요. 아희가 침대에서 떨어져 다치면 안 되니까요."

엄마와 아빠는 차에서 내릴 때까지도 여전히 들떠서 온통 아희 방 애기뿐이었습니다. 마치 처음으로 아기가 생긴 것처럼……. 내가 태어났을 때도 두 분은 저랬을까요?

"그치만 난 운동기구가 있는 방이 좋단 말이에요. 친구가 오면 그 방에서 노는 게 더 재미있는데."

사실이었습니다. 정돈된 내 방보다 창고처럼 물건이 쌓여 있는 그 방이 가영이와 놀기에 더 좋은 곳이거든요. 구석구석 찾아볼 것도 많고, 다락방같이 아늑한 분위기라서 내가 좋아하는 공간이기 때문입니다. 나와는 상의도 없이 마음대로 정하다니……. 슬그머니 심술이 났습니다.

"운동기구는 베란다로 옮기고 나머지 물건도 버리지 않고 잘 보관할게. 그 방 말고는 없잖아. 아니면 네가 아희랑 한방을 쓰던가."

"응, 그것도 좋겠는데? 사이도 더 가까워질 겸 자매끼리 같은 방을 쓰면 좋잖아. 우리 어릴 때는 말이야, 방 하나로 형제 세 명이 쓰고 그랬잖아. 안 그래요, 여보? 난 맏이라고 나중에 방을 하나 내주었는데 그게 얼마나 좋던지. 허허."

"아유, 나도 내 방 하나 갖는 게 소원이었다고요. 그렇지만, 지금 생각해 보면 언니랑 싸우면서 한방에 살던 게 참 좋은 추억이더라고요. 그때는 참 많이 싸웠지. 호호호."

어쩜, 내 생각은 물어보지도 않고 엄마, 아빠는 뭐가 좋은지 둘이서만 신나게 말을 주고받았습니다.

물건을 치우는 것이 문제가 아니라 내 놀이 방이 사라진다는 것이 싫은데……. 게다가 방을 같이 쓰라니요? 내 물건을 남이 만지는 것은 딱 질색이라고요. 아무도 만지지 못하게 하는데, 이 조그만 동생을 내 방에 들이라고요? 아무거나 마구 건드리고 다닐 텐데요? 엄마는 이런 나의 성격을 늘 걱정하지만 어쨌든 난 정말

싫어요.

“그냥 그 방 아희 주세요. 동생이 생겼으니까 내가 그 정도는 양보하죠, 뭐.”

내 방을 아희에게 침범당하는 것보다 제2의 내 공간을 내주는 편이 훨씬 나을 것 같아서 내린 결정입니다. 동생이 있다는 것이 어쩐지 좋은 점보다 나쁜 점이 더 많다는 생각이 들었습니다. 벌써 내 것 하나를 넘겨줘야 했으니까요.

“이렇게 넷이 타니까 꽉 들어찬 기분이에요. 자리 하나에 한 사람씩.”

“나도 그런 생각을 했는데. 우리 셋만 타고 갈 때는 한 자리가 허전했었는데 이제야 꽉 차게 되었네. 연희도 그렇지 않니?”

“네, 그래요. 아희야, ‘언니’ 해 봐. 이제 나한테 언니라고 하는 거야. 알았지?”

“언니? 언니!”

이제껏 조용하던 아희가 ‘언니’ 라고 말을 했어요. 같은 말인데도 다른 아이들에게 들었던 ‘언니’ 와는 다른 느낌이었어요. 보이지 않는 끈이 엮여 있는 기분이랄까. 진짜 내 동생이 부르는 ‘언니’ 는 역시 기분 좋은 말이었습니다.

"어머, 아희 봐요, 연희하고 금방 친해져서 언니라고 하잖아요. 아희야, 이제부터 내가 엄마고, 여기 아저씨가 아빠가 되는 거야. 엄마, 아빠 불러 볼래?"

엄마가 뒤를 돌아다보며 기쁜 목소리로 말했습니다.

"엄마, 아빠……."

언니를 또박또박 부를 때와는 달리 아희가 조금 망설이면서 엄마의 말을 따라했습니다. 아직은 아희도 어리둥절하고 이상한 기분이겠죠.

새 식구가 늘어 네 자리가 꽉 찬 차가 집에 도착했습니다. 아희를 만나러 가는 길은 굉장히 멀고 오래 걸리는 것 같았는데, 오는 길은 멀지 않았습니다.

"다 왔다! 아희야, 여기가 이제부터 네가 살 집이야. 우리 집에 온 걸 진심으로 환영해! 그리고 우리 식구가 되어 주어서 정말 고맙다."

엄마가 아희를 안고 등을 토닥거려 주었습니다.

집은 나갈 때와는 다른 느낌이었습니다. 확실히…… 달라지겠지요. 뭔가가…… 나는 더 이상 외동딸이 아니니까요.

철학 돋보기

태초에 관계가 있었다

연희는 동생을 자랑하는 가영이가 무척 부럽습니다. 동생이 있기를 바라던 중에 부모님은 아희를 입양하기로 한 것입니다. 동생이 생겨 이제는 가영이에게도 할 말이 많겠다고 생각한 연희는 신이 납니다. 연희는 동생이 가져올 변화를 아직 느끼지 못하고 있습니다. 동생에게 언니 대접을 받을 생각만 하는 연희는 아직 동생과의 진정한 만남이 준비되지 않은 셈입니다.

목사님과의 대화에서 연희 가족은 "태초에 관계가 있다"는 말을 듣습니다. 이 말은, '관계가 가장 먼저 있는 것이다' 라는 말과 같습니다. 우리는 개인이 존재한 다음에 관계가 생긴다고 생각합니다. 따라서 개인을 중심으로 모든 것을 생각하기도 합니다. 이런 생각을 가리켜 '개인주의' 라고 합니다. 현대인의 마음속에는 이러한 개인주의적 생각이 뿌리 깊게 자리하고 있습니다.

하지만 부버는 개인보다 관계가 먼저 있었다고 말합니다. 우리는 태어나기 전 어머니 배 속에 있었고, 어머니와 탯줄로 연결되어 있었습니다. 그 탯줄이 없이는 우리의 존재가 시작될 수 없었습니다. 이처럼 우리 인간은 처음부터 관계 속에 있었습니다. 따라서 관계를 먼저 생각하고 또 바르게 지켜 가는 게 중요하다는 것이 부버의 생각입니다.

하지만 우리는 연희처럼 개인으로서 의식을 갖고 다른 사람과 관계를 맺기 시작합니다. 우리는 나와 남의 구분을 먼저 생각한다는 것이지요.

2

네가 정말 미워

침된 삶은 민님이다. — 마르던 부비

1 동생 길들이기

"야, 무슨 동생이 하루 만에 생기냐? 친척 동생을 말하는 거 아니야?"

"진짜로 내 동생이라니까. 친동생! 아니지, 흠…… 이 경우도 친동생이라고 해야 하나? 우리 엄마가 낳은 건 아닌데, 우리 집 식구니까, 친동생은 친동생이지 뭐."

"그럼 동생을 입양이라도 한 거야? 정말? 그렇게 갑자기 결정하는 게 어디 있어! 나한테 말도 없이."

동생이 생겼다는 내 말을 역시나 가영이가 믿지 못하고 몇 번을 되물었습니다. 갑작스런 소식이니까 놀라는 게 당연하겠죠.

"내 동생을 입양하는데 너한테 허락받아야 되냐? 킥킥. 나도 엄마 아빠한테 어제 처음 얘기를 듣고 결정한 거야."

"잘됐다. 너 동생 엄청 갖고 싶어 했잖아. 너도 이제 언니가 된 거네? 언니 노릇이 쉬운 게 아니야. 먼저 언니가 된 나한테 물어봐. 선배로서 잘 알려 줄게. 히히히."

"웃겨! 너희 동생이 몇 살이야? 한 살밖에 안 됐으면서……. 내 동생은 여섯 살이라고. 동생 나이로 치면 내가 더 선배 아니겠어? 네 동생이 언제 커서 '언니' 하고 부르겠니. 내 동생은 만나자마자 '언니'라고 했단 말이야. 부럽지?"

동생이 생겼다고 실컷 자랑하던 가영이 코를 납작하게 할 수 있어서 나는 한껏 신이 났습니다. 만날 가영이는 동생 얘기만 했는데 나도 이제 자랑할 내 동생이 있다고요.

"나영이도 언니라고 불렀다니까! 얘가 왜 말을 못 믿냐?"

"세 달밖에 안 된 아기가 말을 한다는데 너 같으면 믿겠어?"

"내 귀에는 분명히 들린다니까 그러네. 어쨌든 네 동생 보러 가야겠다. 어때, 귀여워? 말은 잘 들어?"

"응, 귀여워. 어제 와서 아직 다른 건 잘 모르겠고, 내가 한번 데리고 갈게. 내 동생은 달리기도 한다. 네 동생은 못하지? 히히. 어! 엄마가 부른다, 암튼 놀러 갈게."

가영이를 약 올리며 한참 재미있게 통화하고 있는데 엄마가 부르는 소리가 들렸습니다.

"연희야, 저기 걸레 좀 갖다 주겠니? 그리고 아희 심심하니까 같이 놀아 줘."

엄마가 몸 여기저기에 도배 풀을 잔뜩 묻히고 말했습니다. 지금 엄마, 아빠는 아희 방을 도배한다고 도배지를 자른 뒤, 풀칠을 하고, 벽에 바르며 여간 바쁜 것이 아니었습니다. 어제 생각해 두었던 대로 연노랑 색 벽지를 사다가 직접 바른다고 저렇게 시끄럽답니다.

"아희야, 언니하고 방에서 놀자."

나는 아희를 데리고 내 방에 들어왔습니다. 아직 이 집이 낯설어서인지 아희는 나를 잘 따랐지요.

"언니 물건은 만지면 안 돼, 알았지?"

"응."

아희가 고개를 끄덕였습니다. 일단 주의를 주었는데, 다음으로는 뭘 해야 할지 금방 떠오르지 않았습니다. 동생을 데리고 놀아 본 적이 없어서 일 거예요. 이렇게 어린 애랑 뭘 해야 하나…….

아! 할 일이 생각났습니다. '착한 동생 수칙' 만들기요!

친구들이 말하기를 동생은 버릇을 잘 들여야 한댔어요. 동생이라고 봐주면 말도 안 듣고 대들기만 한다고요. 나는 종이를 꺼내 생각나는 대로 죽 적었습니다.

"이거, 언니가 아희 주려고 만드는 선물이야. 잘 보고 있어."

아희는 옆에 앉아서 내가 쓰는 걸 관심 있게 쳐다보았습니다.

1. 무슨 일이 있어도 엄마 아빠에게 이르지 않는다.
2. 언니의 말은 하늘의 명령이다. 절대복종.
3. 맛있는 것은 언니 먼저 준다.
4. 언니 물건에 손대지 않는다.
5. 언니에게 무조건 양보한다.
6. 언니에게 대들지 않는다.
7. 언니 심부름을 잘한다.

이 정도면 됐습니다. 친구들이 말하는 동생이 갖을 수 있는 나

착한 동생 수칙
1. ..... 이르지 않는다.
2. ... 절대 복종.
3. ... 언니 먼저 준다.
4. ... 손대지 않는다.
5. ... 무조건 양보한다.
6..... 대들지 않는다.
7. ... 심부름을 잘

뻔 점을 모두 금지했으니 아희가 이것만 잘 지키면 착한 동생으로 손색없겠지요.

"한글 읽을 줄 알아?"

내가 묻자 아희는 어리벙벙한 얼굴로 고개를 저었습니다.

"여섯 살인데 한글도 몰라? 어휴, 이 언니는 말이야, 다섯 살에 한글을 다 깨우쳤어. 더하기 빼기도 다 할 줄 알았거든. 언니를 따르려면 너는 아직 멀었어. 아무튼, 이 언니가 먼저 읽을 테니까 따라서 말해 봐."

나는 1번부터 7번까지 큰 소리로 먼저 읽었습니다. 아희는 내 말을 앵무새처럼 따라했고요. 내가 생각해도 완벽한 수칙이었습니다.

"자, 무슨 뜻인지 알겠어?"

아희는 아까와 같이 또 눈만 동그랗게 뜨고 고개를 저었습니다. 너무 어렵게 썼나?

"한마디로 말해서 이 언니 말을 잘 들으란 말이야. 알았지?"

무슨 말인지도 잘 모르면서 아희는 고개를 끄덕였습니다. 이 정도면 언니의 말을 잘 따르겠지요? 이런 걸 보고 텃세를 부린다고 하나요? 나는 엄연한 이 집의 장녀라고요. 동생 앞에서 위엄이 있어야지요. 흠흠.

"아희야, 언니랑 인형 놀이 할까?"

"응!"

내 말에 아희의 얼굴이 환하게 펴지더니 뽀르르 거실로 달려가서 자신의 인형을 들고 왔습니다. 교회에서 처음 만났을 때 안고 있던 그 꼬질꼬질한 인형을요.

"그건 너무 지저분하다. 언니가 인형 하나 줄게. 이건 아주 특별히 주는 거야. 네가 이 언니 동생이 된 기념으로 말이야."

아희는 내가 준 인형을 받으면서도 자신의 인형을 놓지 않았습니다. 때가 묻었어도 아희한테는 아주 소중한 인형인가 봐요.

"이 애도 목욕을 해야 개운하지. 이것 좀 깨끗이 씻겨 주자. 버리지 않을 거야."

"내 인형이야. 절대 버리면 안 돼."

아희는 그제야 더러워진 인형을 내려놓고 내가 준 인형을 품에 안았습니다. 내가 준 인형을 안은 모습을 보니 동생에게 무언가를 선물했다는 뿌듯한 기분이 들었지요.

우리는 한참 내 방에서 놀았습니다. 동생이 있어서 좋은 점이 이런 건가 봐요.

어느새 창밖이 어둑어둑해졌습니다. 아희와 노느라 시간 가는 줄도 몰랐네요.

"연희야, 우리 피자 시켜 먹을까? 도배한다고 종일 움직였더니 저녁상 차릴 기운도 없다. 에고, 허리야. 네가 좋아하는 피자를 주문해야겠어. 괜찮겠지?"

당연하지요! 피자를 먹는다는데 마다할 이유가 있겠어요?

"네! 나는 불고기 피자! 빅빅 라지요! 아희야, 너도 좋지? 그렇지? 히히."

"오늘 고생한 보람이 있는데! 나도 빅빅 라지, 추가요!"

아빠도 장갑을 벗으면서 말했습니다. 아빠 얼굴에도 좋아하는 기색이 역력한 걸요.

어른들은 피자가 느끼하고 소화가 잘 안 된다고 싫어하던데 우리 아빠는 나보다 더 피자를 좋아한답니다. 엄마 눈치를 보느라 맘껏 먹지 못하는 거지요.

엄마는 건강에 좋지 않다고 피자를 거의 안 사 주는데, 사실은 엄마가 좋아하지 않아서 그렇답니다. 이렇게 엄마가 먼저 피자를 먹자고 하는 날은 일 년에 몇 번 없는 특별한 날입니다.

오늘이 그 특별한 날이라니! 쩝쩝, 군침이 돕니다. 아희도 나랑 같은 마음인지 내 얼굴을 보면서 헤헤 웃네요.

아희가 우리 집에 온 덕에 이런 좋은 일도 있어요. 야호!

2 비교는 싫어

"띵동."

"연희야, 피자 왔다. 나와서 먹어."

엄마가 부르자마자 나는 쏜살같이 달려 나왔습니다.

"다른 행동도 좀 그렇게 빠르면 얼마나 좋을까? 하여튼 음식 앞에서만 빨라요."

부리나케 나온 나를 보고 엄마가 피식 웃으면서 말했습니다.

"아희야, 언니가 네 것도 잘 담아 줄게. 아희도 피자 좋아해? 언니는 엄청 좋아해. 히히."

아희는 고개를 끄덕였습니다. 그리고 내가 건네준 피자 한 조각을 받았습니다.

"연희는 언니가 된 게 좋은 모양이네. 말할 때마다 언니가, 언니가, 하는 것이 오래전부터 언니였던 것 같은데? 허허."

아빠는 내가 아희를 챙기는 것이 기특했나 봅니다.

"두 조각 이상은 안 돼. 과식하면 속이 더부룩해서 좋지 않아."

마음껏 먹을 생각이었는데 엄마가 찬물을 끼얹네요.

"자주 먹는 것도 아닌데 엄마는 너무해요. 내 친구들은 일주일에 한 번씩 먹기도 한다는데. 그리고 두 조각으로는 배도 안 부르다고요. 힝!"

맛있는 음식을 앞에 두고 적게 먹으라고 하면 얼마나 화나는지 아세요? 엄마는 내 체중이 자꾸 는다고 걱정하지만, 먹을 때마다 그런 말을 듣는 건 정말 스트레스예요.

"그래요, 여보. 오늘은 아희가 우리 집에 온 특별한 날이기도 하니까 마음껏 먹으라고 합시다. 이런 날이 매일 있는 것도 아닌데. 어때요?"

아빠의 지원 덕분에 엄마는 할 수 없다는 듯 허락했습니다.

“그래. 아빠 말대로 오늘만이야. 맛있다고 그런 것만 많이 먹으면 건강에 좋지 않으니까 하는 말이야. 엄마의 잔소리는 사랑의 노래인 것 알지?”

듣기 싫은 말만 하는데 어떻게 사랑의 노래로 들을 수가 있겠어요? 엄마는 나에게만 쓰는 ‘잔소리 교본’ 이라도 가진 것 같아요.

“네! 잘 알겠습니다.”

엄마에게는 무조건 ‘예’ 라고 하는 것이 상책이랍니다. 나는 엄마의 잔소리가 길어지지 않도록 큰 소리로 대답했습니다.

“우리 아희 먹는 것 좀 봐요. 아주 꼭꼭 씹어서 잘 먹네. 아희야, 많이 먹어. 호호호.”

엄마는 내 말에 대꾸도 없이 아희 얼굴만 보고 있네요. 아희가 그렇게 예쁜지 아빠 엄마 모두 아희의 먹는 모습만 흐뭇하게 바라보고 있었습니다. 나는 은근히 심술이 났습니다.

“엄마는 나더러 적게 먹으라고 하면서 아희한테는 왜 많이 먹으래요? 형평성에 어긋나잖아요!”

“네가 어린애니? 별걸 다 샘내는구나. 아희는 성장기니까 많이 먹고 쑥쑥 자라야지. 그렇지, 아희야? 호호.”

“나도 성장기라고요! 나도 많이 먹고 많이 크고 싶은데……. 나는 살찐다고 못 먹게 하고. 칫!"

"네가 아희하고 똑같니? 똑같아? 언니가 돼서 속 좁게 행동하네. 앞으로도 그럴 거야?"

아희하고 내가 다른 게 뭐 있다고요. 엄마는 나를 나무랐습니다. 나는 더 심통이 났습니다.

"자, 우리 연희도 많이 먹어요."

아빠의 말에 나는 피자를 들었습니다. 어쨌건 맛있는 것을 눈앞에 두고 먹지 않을 이유는 없으니까요.

피자 위에 얹어진 피망이랑 올리브, 양파를 골라내고 나는 한입 크게 베어 물었습니다. 음, 바로 이 맛이에요.

피자는 다 좋은데 야채가 많이 들어가는 것이 불만이랍니다. 내가 제일 싫어하는 양파, 피망, 거기다 강아지 코처럼 생긴 올리브까지. 이런 걸 빼야 피자 맛이 나는데 말이에요.

"어이구, 언니가 되어 가지고 이런 걸 다 골라내니? 진짜 피자는 야채를 넣어야 맛이 나는 거야. 나이가 몇인데 아직도 안 먹는 게 있어. 응? 아희 좀 봐. 어린데 편식하지 않고 잘 먹네. 아유, 예뻐라."

내가 빼놓은 야채를 보고 엄마가 핀잔했습니다. 아까부터 '언니가 되어 가지고' 그러는데, 난 언니가 된 지 하루도 안 지났다고요. 그런데 언니가 되어서 뭐가 어떻다는 건지 모르겠어요. 나에게는 자꾸 안 좋은 소리만 하고, 아희를 보고는 '호호' 웃으면서 칭찬만 계속 하다니요.

다른 때는 피망 같은 거 빼놓아도 별 얘기 안 하다가 오늘 유난히 뭐라고 하는 이유는 분명히 동생 때문일 거예요.

혼나지 않을 일인데 혼나고, 비교당하고, 이런 것이 언니가 되는 것이라면 정말 사양하고 싶어요!

"당신도 참, 먹는 애 앞에서 그만해요. 연희야, 그런데 엄마 말씀이 틀린 건 아니야. 이제 편식하는 습관은 고쳐야지. 동생이 보고 배우겠다."

내 편인 줄 알았던 아빠도 변했어요. 나의 나쁜 버릇을 동생이 배우겠다니…….

그럼 나는 모든 걸 완벽하게 다 잘해야 하나? 동생이 생긴 덕에 맛있는 피자도 먹고 재미있게 놀고, 신나는 일만 있을 줄 알았는데……. 나는 두 조각만 먹고 그만 먹었습니다. 야채와 같이 먹는 피자라면 더 먹고 싶지 않았지만, 무엇보다 동생에게 비교당한다는 느낌이 싫었기 때문이었습니다.

"저 들어가서 숙제 할게요."

나는 손을 씻으러 욕실로 들어갔습니다.

식구들……. 엄마와 아빠, 그리고 아희가 식탁에 둘러앉아 피자를 먹는 모습을 보면서 나는 식구들에게서 조금 멀어진 것만 같았습니다.

3 동생만 예뻐하고

"어, 엄마 오셨어요? 성연이도 왔구나. 어서 들어와."

"새 식구 왔는데 환영 인사해야지. 아희는 어디 있어?"

저녁 식사 후 침대에 엎드려 책을 읽고 있는 데 소란스러운 소리가 났습니다. 나는 얼른 일어나 밖으로 나왔지요. 외가 친척들이 모두 와 있었습니다.

"아휴, 이 애가 아희구나. 아주 영리하게 생겼는데! 잘 왔다, 잘 왔어. 여기가 이제 다 네 외가 친척들이 되는 거란다. 아희야, 우리 잘 지내보자. 응?"

"어머, 진짜 귀엽다. 형님은 좋으시겠어요. 예쁜 딸이 둘이나 있으니 말이에요. 저는 아들만 둘이라 딸 있는 사람이 제일 부럽던데요."

"누나랑 닮은 것 같아. 원래부터 한 식구였던 것 같은데? 아희야, 난 외삼촌이다. 앞으로 자주 보자."

"이 애가 연희 누나 동생이에요? 안녕? 반가워."

갑자기 많은 식구를 보게 되어서 아희는 부끄러운지 내 옆에 바짝 붙어 섰습니다.

"우리 아희, 여기 앉자. 아이고 참, 똘똘한 눈망울 좀 봐라."

"정말 예쁘죠? 늦둥이 보는 기분이 아주 좋습니다. 허허."

"매형 눈이 하트가 되었는데요? 딸 없는 사람 섭섭해서 이거 어쩌나."

"이이가 저보다 더 좋아하는 것 같아요. 진작 데리고 올 걸 그랬다니까요."

외할머니와 외삼촌, 아빠, 엄마까지 모두 아희만 쳐다보면서 얼굴에 웃음이 가득했습니다. 나는 마치 투명인간이라도 된 것처럼 아무도 관심을 가져 주지 않았어요.

"할머니, 안녕하셨어요?"

할머니께 인사를 했는데 아무도 듣지 못 했는지 대꾸도 하지 않았어요. 모두 아희, 아희, 아희 얘기만 하느라 바빴습니다.

이제 아희도 예쁨을 받는다는 사실을 알았는지 어른들 틈에 앉았고 나만 덩그러니 혼자 서 있었지요.

"엄마, 글쎄 아희가 어제 처음 집에 왔는데도 밤새 콜콜 잘 자는 거 있지. 꼭 예전부터 여기 살았던 것처럼 말이야. 낯선 곳에서 자면 뒤척이고 자주 깨는데도 말이야."

"그러게 너희하고 인연이 되려고 그러는 게지. 참 잘되었다. 항상 연희가 혼자 있는 것이 마음에 걸렸는데 이렇게라도 자식이 생기니 좀 좋으냐. 꼭 배 아파 낳아야만 내 자식은 아닌 게야."

외할머니는 아희를 쳐다보면서 머리를 쓸어 주고 엉덩이도 토닥거리셨습니다. 저건 할머니가 나에게 해 주었던 건데…… 저 자리에 내가 있어야 하는 건데…….

지금까지 나 혼자만 누리던 관심과 사랑이었습니다. 외가 식구들도, 친할머니, 친할아버지도 나만 예뻐하셨지요. 그런데 지금! 내가 받았던 사랑을 아희가 가져가고 있습니다. 모두 다 아희만 보고 있다고요!

"이름도 꼭 돌림자를 쓴 것처럼 연희, 아희, 그렇네?"

"그러게 말이에요. 아희 눈매가 꼭 형님을 닮은 것 같아요. 친딸이라고 해도 믿겠는 걸요."

외삼촌과 외숙모도 계속 아희 얘기만 했습니다. 닮긴 뭐가 닮았다고 그러는지 말이에요.

"아희야, 아희는 어디가 제일 예뻐?"

"발!"

엄마 물음에 아희가 발을 들어 올리며 대답했습니다. 그 모습에 식구들이 모두 웃음을 터뜨렸습니다. 단 한 사람, 나만 빼고요.

"아, 우리도 딸 하나 입양할까? 아들 녀석만 둘 있으니까 애교 보는 맛이 없어. 어때, 여보? 아희같이 예쁜 딸 하나 있었으면 좋겠는데?"

"아니, 형을 입양해요! 난 형이 있는 게 더 좋은데."

외삼촌의 말에 성연이가 얼른 대답하자 외숙모가 한숨을 푹 쉬었습니다.

"아들 두 녀석도 모자라 형까지 데리고 오니? 어휴, 아들은 역시 엄마 힘든 걸 몰라. 키워봐야 소용없어. 휴."

"그래서 딸 있는 사람은 비행기 타고, 아들 있는 사람은 자전거

도 못 탄다고 하잖니."

"비행기 두 번 탈 것 벌어 놨네. 아희가 있으니까. 호호."

할머니 말씀에 엄마가 웃으며 말했습니다.

아희에 대한 이야기에 즐거운 분위기가 한창 이어졌지요.

갑자기 우울했습니다. 어른들은 나는 안중에도 없고, 아희가 하는 말과 행동에 깔깔깔 웃었습니다. 내가 왜 이런 신세가 되었을까요? 동생이 생기면 좋은 일이 더 많을 줄 알았는데…… 내 심부름도 하고, 같이 놀기도 하고 말이에요.

피자 때문에 속상한 기분이 채 가시지도 않았는데 이렇게 아희에게 모든 것을 뺏기는 것일까요?

"참, 연희가 거기 있었구나. 연희야, 동생 생기니까 좋지? 동생한테 잘해 줘야 한다. 너는 이제 언니잖아."

외삼촌이 이제야 나를 발견하고 한마디했습니다. 동생 생기니까 좋으냐고요? 흥! 이런 상황에서 기분이 좋겠어요!

나는 어른들의 웃음소리를 뒤로한 채 방문을 닫고 내 방으로 들어왔습니다. 침대에 엎드려 있으니 눈물이 났습니다. 밖에서는 지금도 아희를 둘러싸고 모두 즐거워하겠지요. 나만 빼고. 저건 원래 내 것이었는데…… 저 관심은 나만 가지는 것이었는데…….

아희에게 준 인형을 도로 빼앗아 오고 싶은 기분이었습니다. 동생이 생긴다는 건 이런 것이었나 봐요.

4 밀려나는 기분이야

"언니, 엄마가 아침 먹으래."

아희가 내 방문을 빼끔히 열고 말했습니다. 오늘은 개교기념일이라 학교에 가지 않았어요.

"내가 알아서 일어날 테니까 넌 나가!"

나의 큰 목소리에 겁을 먹었는지 아희가 얼른 내 방 문을 닫았습니다.

어제의 부아가 아직도 가라앉지 않았는데 아침밥이 들어가겠어요? 흥! 언제부터 엄마였다고 엄마래?

"연희야, 왜 동생한테 소리를 지르고 그러니? 밥 먹으라고 깨워 주는데 고맙지도 않아?"

이것 보세요. 아희가 없었으면 엄마에게 이런 야단은 듣지 않아도 되는 거였는데. 아희가 불쑥 내 삶에 나타나 버린 뒤로 모든 게 엉망이 돼 버린 것 같았습니다. 이럴 줄 알았으면 입양 같은 거 하지 말자고 했을 텐데…….

나는 일부러 쿵쿵 발소리를 내며 욕실로 들어가 소란스럽게 세수를 했습니다.

"밥은 안 먹을래요."

퉁명스럽게 말하고 내 방으로 들어오면서 아희를 째려봤습니다. 너무 힘을 준 탓에 눈이 아팠지만, 지금 아희에게 내 기분을 알리는 방법은 그것밖에 없었으니까요.

아희는 내 눈치를 살피며 살그머니 식탁 의자에 앉았습니다.

"밥을 왜 굶고 그래. 응? 어서 같이 먹자."

엄마 말에 나는 대꾸도 하지 않았어요. 그토록 예쁜 아희하고만 실컷 드시라지요.

"우리 연희, 마음이 상한 거구나? 어제 아희만 관심을 받아서?"

"누가 그렇대요!"

엄마가 내 마음을 눈치채자 더욱 사실을 인정하기 싫었습니다.

"연희야, 그때 목사님이 그러셨잖니. 사람은 혼자 존재하는 게 아니라고. 나, 너의 관계 맺음이 더 먼저라고 하셨잖아."

"누가 그걸 모르나? 나도 들었어요."

엄마는 내 기분을 알아주는 것 같으면서도 몰라요. 나도 그런 거 다 안다고요. 자기중심적인 생각에만 빠지면 안 된다는 것도요. 알지만, 아는 것하고 행동하는 것하고 똑같기는 어려워요. 나도 그러면 안 된다고 알고 있지만 그래도 기분은 그게 아니라고요.

사람을 위로하는 제일 좋은 방법은 그냥 '그렇구나' 하고 들어 주는 거래요. 엄마는 내가 속상해 할 때 '그렇구나' 하고 고개만 끄덕여 주면 좋을 텐데…….

"'나' 전에 '나와 너' 관계를 연희가 생각해 주면 좋겠어. 연희는 이제까지 충분히 사랑을 받았잖니. 아희는 가엾게 큰 아이인데, 사랑을 많이 받은 연희가 그 사랑을 나눠 주면 안 될까? 아직 어린 아이인데, 저렇게 작은 동생을 상대로 질투하고 샘내는 건 좀 그렇잖아. 응?"

내가 아무 대답도 하지 않자 엄마는 내 등을 한 번 토닥이고는 방을 나갔습니다.

엄마를 속상하게 한 것도 화가 나고, 속 좁게 군 내 자신에게도 화가 났어요. 에이! 학교에 안 가는 월요일인데 하나도 즐겁지 않아요!

방에 가만히 있자니 슬슬 배가 고팠습니다. 괜히 밥을 안 먹겠다고 심술을 부렸나 봐요. 한 번 배가 고프다는 생각이 드니 참을 수가 없었습니다.

나는 살그머니 방문을 열고 나와 식탁에 앉았습니다. 안 먹겠다고 큰소리치고 다시 먹으려고 하니 민망했습니다. 그래서 아희에게 말을 걸었지요.

"아희야, 언니가 머리 묶어 줄게. 언니 얼른 밥 먹고. 잠깐만 기다려."

아희의 머리를 묶어 주려고 할 수 없이 밥을 먼저 먹어야 한다는 핑계를 둘러댄 나는 밥 한 그릇을 뚝딱 해치웠습니다. 그리고 머리 고무줄을 꺼내 와 아희의 머리를 빗겨 주었지요.

"언니가 예쁘게 해 줄게."

아희의 머리를 빗다 보니 어제 저녁 친척들이 온통 아희만 예뻐하던 모습이 생각났습니다. 그래서 순간 심술이 발동했습니다. 나는 아희의 머리를 여기저기 분수처럼 세워서 열 군데를 묶어 버렸지요. 그러고 나니 아희의 머리는 도깨비 뿔이 난 것처럼 우스꽝스러워졌습니다.

"자, 거울 봐. 예쁘지? 히히."

거울을 보여 주자 아희가 얼굴을 찡그렸습니다. 그 모습을 보던 엄마가 대뜸 한마디하였지요.

"아니 왜 우리 아희 머리를 가지고 장난치니? 응? 이게 뭐야. 당장 제대로 돌려 놓지 못해?"

쳇, 아희 때문에 나는 자꾸 엄마한테 야단맞을 일만 생겨서, 정말 아희가 미웠습니다.

'따르릉.'

그때 전화가 울렸습니다. 가영이였습니다.

"교회 가자고? 왜? 응, 알았어."

가영이가 엄마 심부름 때문에 교회에 간다는 것이었습니다. 기분도 그런데 마침 잘됐어요. 목사님 방에 놀러 가서 요구르트나 먹는 게 더 나을 테니까요.

"아희도 데리고 갔다 와. 언니라고 너를 좋아하는데 네가 동생을 챙겨야지. 목사님께 아희는 잘 지낸다고 인사도 드리고."

가영이와 둘이서만 만날 거였는데 아희가 따라왔습니다. 할 수 없죠. 귀찮지만 같이 갈 수밖에…….

"아참! 여기 이 신발이 있었지? 아희야, 이거 신고 가자."

엄마가 아희 신발을 신겨 주려다가 신발장 위에 있는 구두를 하나 꺼냈습니다.

"이거 예쁘지? 어머, 아희 발에 꼭 맞네? 어쩜. 이제 이거 아희가 신어."

"이건 내 것이잖아요! 내 것인데 왜 아희를 주고 그래요?"

이 구두는 내가 어릴 때 신던 건데, 너무 좋아해서 아직도 버리지 않고 신발장 위에 보관하고 있었습니다. 신발이 작아져서 엄지발가락이 빨개져도 신고 다닐 만큼 아끼던 신이었습니다.

그런데, 그렇게 아끼는 내 구두를 얄미운 아희에게 준다니요!

그렇지 않아도 아희가 내 것을 다 빼앗아 가는 것 같아 기분도 좋지 않은데 이 구두까지 주기는 정말 싫단 말이에요.

"작아서 신지도 못하는 건데 동생 주는 게 어때서 그러니? 남도 아니고 네 동생에게 신던 신발도 못 줘? 연희 너 왜 그렇게 속이 옹졸해졌어?"

엄마에게 실컷 야단맞고…… 아무튼 동생 때문에 좋은 일은 없다니까요.

“이제 네 동생이니까 네가 아끼고 챙겨 줘야지. 응? 연희야, 그렇지?”

엄마는 조금 낮은 목소리로 말했습니다. 그렇지만 내 마음은 조금도 풀리지 않았어요. 동생을 챙겨야 한다는 법을 누가 만들었데요? 나는 그런 거 약속한 적도 없는데 말이에요.

“갔다 올게요.”

부루퉁하게 대답하면서 나는 현관문을 열었습니다. 내 기분을 아는지 모르는지, 아희는 새로 얻은 구두를 신고 얼굴에 활짝 웃음꽃이 피었습니다.

“동생 손잡고 가! 차 조심하고.”

엄마 말에 할 수 없이 아희의 손을 잡고 엘리베이터에 탔습니다. 타자마자 나는 아희의 손을 뿌리쳤지요. 알아서 잘 따라오라지, 흥!

철학 돋보기

진정한 만남

세 명이었던 연희네 집에 아희가 들어와서 네 사람이 한가족을 이루게 되었습니다. 연희네 가족 구성원들의 관계는 모두 달라질 수밖에 없습니다. 삼각형의 세 꼭짓점을 연결하는 선은 세 개 뿐이지만, 사각형의 네 꼭짓점을 연결하는 선은 여섯 개가 됩니다. 한 사람으로 인해 관계는 매우 복잡해질 것입니다.

연희는 아희를 가족 구성원으로서 인정하지 않고 새로운 관계를 받아들이지 못합니다. 아희의 뜻이나 생각은 전혀 고려하지 않고 아희를 제 마음대로 할 수 있는 것처럼 생각하고 있지요. 연희는 아희가 들어와도 그저 삼각형의 관계로만 지내려 해서 아희를 무의미한 존재로 만들고 싶어 합니다. 그래서 연희는 동생 아희를 길들이기 위한 수칙을 만들기도 합니다.

상대를 인간으로 대할 때 진정한 만남이 이루어집니다. 인간의 입장

철학 돋보기

에서 인간을 만나는 것을 '나와 너의 만남' 이라고 합니다.

우리 주위에 있는 사람들을 생각해 봅시다. 이 사람들을 하나의 점으로 생각하고서 이 사람들 사이를 서로 연결하는 선을 상상해 봅시다. 물론 실제로 사람들 사의의 관계라는 것은 눈에 보이지 않습니다. 그런데 나와 다른 사람을 연결하는 그 선 즉, 관계가 모든 것에 우선하는 가장 중요한 것으로 생각하라는 것이 부버의 가르침입니다. 관계를 먼저 생각하는 것. 나와 다른 사람을 연결하고 있는 선을 먼저 생각하는 것, 그것이 우리를 진정한 만남으로 이끌어 줄 것입니다.

3

사라진 아희

1. '나'가 없으면 '너'도 없다
2. 동생이 없어졌어요!
3. 어디로 간 거지?

사랑은 나에게 집착하여 너를 단지 대상으로 소유하는 것이 아니다. 사랑은 나와 너 사이에 있다. 사랑이란 너에 대한 나의 책임이다.

— 마르틴 부버

1 너의 도움이 필요해

가영이 엄마의 심부름으로 목사님께 전해 드릴 물건을 들고 교회로 갔더니 아무도 없었습니다. 문 앞에 짐 꾸러미를 놔두고 교회 마당으로 나와 우리는 숨바꼭질을 했습니다. 가영이가 술래를 하면 아희는 나만 졸졸 따라다녔습니다. 귀찮은 녀석, 혼자 숨을 일이지 왜 나만 쫓아다니는지 모르겠어요.

이번에는 아희를 술래로 시키고 가영이와 나는 교회 안으로 들어가 꼭꼭 숨었습니다. 아희는 절대 우리를 못 찾을 거예요. 교회

안은 우리가 훤하게 알고 있으니까요. 가영이와 숨어서 '큭큭' 웃고 있는데 누군가 우리를 불렀습니다.

"너희들 여기서 뭐하고 있는 게냐?"

잠깐 나갔다 돌아오셨는지 목사님이 앞에 서 계셨지요.

"안녕하세요? 엄마 심부름 왔어요."

"오, 그래? 날도 더운데 방으로 가자. 아, 연희야, 아희는 잘 지내니?"

목사님이 날 보면서 물었습니다. 나는 얼른 눈짓으로 가영이의 입을 막으면서 대답했지요.

"네, 그 애는 아주 잘 지내요. 전 그렇지 않지만……."

아희가 같이 왔다는 말은 하고 싶지 않았어요. 그러면 목사님도 아희에게만 관심을 둘 것 아니겠어요. 아희는 아직 술래니까 우리가 있는 곳을 혼자 찾아야 해요. 고생 좀 해 보라지.

우리는 목사님 방으로 가서 요구르트를 마시며 땀을 식혔습니다. 봄이 왔나 했더니 벌써 날이 더워져서 낮에는 무척 더웠습니다. 뛰어다녀서 땀이 더 많이 났지요.

"그래, 연희가 어째서 잘 지내지 못할까? 오호라, 동생이 생겨 사랑을 빼앗긴다는 생각이 들어서 그렇구나. 그렇지?"

나이가 들면 저절로 다른 사람의 마음을 읽을 수 있는 걸까요? 단번에 목사님은 내 생각을 알아챘어요.

"내가 우리 연희에게 꼭 권하고 싶은 책이 있다. 마르틴 부버의 《나와 너》라는 책인데……."

"아, 저번에 엄마, 아빠랑 말씀하셨던 그거요?"

들은 기억이 있는 것 같아서 얼른 아는 체를 했습니다.

"그래. 전에도 말했지만 부버는 관계에 대해서 깊이 생각했던 철학자였단다. 부버는 근원어로 '나-너' 그리고 '나-그것'을 말했지."

"근원어요? 무슨 물고기 이름 같아요."

가영이의 엉뚱한 말에 목사님이 껄껄 웃으며 대답했습니다.

"그렇게 들리니? 허허. 근원어란 근본적인 말이란 의미인데, 부버는 근본적인 말을 '나-너', '나-그것' 두 가지로 나누었단다. 그런데 얘들아, '나-너'라는 관계와 '나' 가운데 어느 것이 더 우선하는 것일까?"

"그거야 당연히 '나'가 더 우선하겠지요. '나'가 있어야 그 다음에 '나' 아닌 '너'가 있고, 이 둘이 만나야 '나-너'라는 관계가 만들어지지 않겠어요? 그러니 '나'가 우선한다고 해야 할 것 같은데요"

"전 '나-너'가 우선하는 것 같아요. 가영이 말처럼 생각하는 것이 보통인데, 뻔한 답이라면 목사님이 물어보지도 않았을 거 아녜요?"

"그렇지, 연희가 맞는 말을 했구나. 답을 알아낸 방법은 좀 그렇지만 말이다. 허허."

눈치를 단수로 매긴다면 난 아마 최고일 걸요. 아빠도 내 눈치는 못 당해서 비밀을 항상 들켜 버린답니다.

"부버는 말이다, 먼저 '나'가 있고 나중에 '나-너'의 관계가 만들어지는 것이 아니라고 했어. '너'가 없으면 '나'라는 것도 없는 것이므로 '나와 너'의 관계가 먼저 있고 그 다음에 '나'라는 것이 있다고 했단다."

"'너'가 없으면 '나'가 없다? 아, 그러니까 '나'와 '너'라는 말은 상대적이라는 말이군요. '나'라는 것이 있기 전에 이미 '나와 너'라는 짝이 우선한다는 말씀 아니에요?"

"맞았어. 바로 그런 말이다. 가영이가 빨리 이해를 하는구나."

"하지만 목사님, '나'라는 말이 있기 전에 먼저 '나'라는 존재가 있는 것이 아닌가요? 그러니까 '나-너'라는 관계는 '나'라는 존재가 있고 난 다음에 다른 '나' 인 '너' 와의 만남이 있고, 그리고 난 다음에 '나' 와 '너' 의 만남인 '나-너' 가 가능한 것이 아닐까요?"

목사님의 말에 의문이 들어서 내가 물었습니다.

"오, 연희가 생각을 많이 했구나. 아주 좋은 질문이야. 지금 연희 네가 한 말에 따르면, '나' 라는 대명사가 있기 전에 이미 '나' 라는 존재는 있는 것이고, 따라서 가장 우선적이고 근원적인 것은 '나' 라는 존재라는 거지?"

"네. 맞아요. 목사님. 그게 바로 제 생각이에요."

"흠. 연희 네가 가진 생각이 현대사회를 사는 사람들의 대표적인 생각이야. 그래서 이 현대사회를 개인주의적 사회라고 하는 거란다. 부버는 현대사회의 수많은 문제점이 바로 이러한 생각에서 나온다고 보았던 거야."

목사님의 얘기를 듣다 보니 알겠어요. 바로 '나' 만 세상의 중심인 것처럼 생각하지 말고 더불어 살아야 한다, 그런 거 아닐까요?

"아니, 그런데 뭘 이렇게 많이 싸 왔니? 무거운 것을 들고 오느라 너희들이 힘들었겠구나. 걸어서 왔니?"

목사님이 문 앞에 놓여 있던 보따리를 들고 오면서 말했습니다.

"저희 외할머니가 농사지은 것들이에요. 할머니가 보내 주셨는데 무료 급식소에 도움이 되었으면 좋겠다고 엄마가 보내신 거랍니다."

우리 교회에서는 매주 목요일에 무료 급식소를 열거든요. 어려운 사람들을 도우려고 시작한 건데 점점 오는 사람들이 많아져서 교회 마당이 꽉 찬답니다.

우리 엄마도 급식소에서 자원봉사를 하시거든요. 가영이와 나도 급식소에서 밥을 몇 번 먹은 적이 있답니다. 엄마가 당번일 때 말이에요. 집에서 엄마가 해 주던 음식보다 더 맛있더라고요.

"이렇게 함께 나누고 도와주는 손들이 있어서 힘이 나는구나. 우리가 하는 일은 아주 작은 것이지만, 그것이 어떤 사람들에게는 큰 도움이 될 수가 있어. 그걸 생각하면 한 주도 쉴 수가 없지 뭐냐. 앞으로 할 일도 더 많고 말이야."

목사님은 갑자기 무슨 생각이 났는지 서랍을 열어 편지 한 통을 꺼냈습니다.

"얼마 전에 이 편지가 왔는데 편지를 읽고 참 흐뭇하고 기뻤단다. 이 사람은 사는 것이 너무 힘들어서 그만 목숨을 끊을 생각을 하고 강으로 가던 길이었단다. 그러다가 우리 교회 앞을 지나게 되었어. 급식소 사람들이 열심히 밥을 나눠 주고 있었는데 그 모습을 보면서 정신이 번쩍 들었대. 저렇게 남을 도우며, 도움을 받으며 사는 것이 사람인데 쉽게 목숨을 버릴 생각을 했다는 것이 부끄러워졌다고 말이야. 그래서 지금은 열심히 살면서 다시 새 희망을 찾았나는구나. 무료 급식소에 보태고 싶다고 성금까지 보내왔지 뭐냐."

목사님의 말씀을 들으니 가슴이 찡했어요. 코가 시큰하면서 하마터면 눈물이 뚝 떨어질 뻔했지요.

"도움을 받는 사람보다 도와준 사람의 행복지수가 훨씬 올라간다고 그러지. 그만큼 사람들은 남을 생각할 때 행복을 느끼는 거란다."

"저도 나중에 많이 도우면서 살래요."

가영이가 중대 발표를 하는 것처럼 큰 소리로 말했습니다. 그 모습에 목사님이 껄껄 웃으며 말했습니다.

2 동생이 없어졌어요!

"연희네 식구는 이미 모두가 감동받을 큰일을 했지. 낳지 않은 자식을 가족으로 받아들인다는 것이 쉬운 일은 아니거든. 부모님의 큰 뜻을 본받아 연희도 자기만 알지 않고 '너'도 함께 아는 사람이 될 거라 믿는다. 그렇지?"

"아, 그게 부버가 말하는 '나-너'의 관계인 거군요!"

"제대로 이해했구나. 가르친 보람이 있는데? 허허허."

가영이와 목사님의 말을 들으면서 나는 혼자 생각에 잠겼습니다. 나와 너의 관계…… 그것이 좋은 것인지는 알지만 내 문제가 되면 꼭 그렇게 되지는 않아요. 무엇이 문제일까?

아희. 아희가 집에 온 뒤로 뭔가가 엉켜 버린 기분이었습니다. 언니 노릇을 하고 친구들에게도 동생이 있다고 자랑할 생각에 좋을 것만 같았는데…….

아, 그런데 아희는!

아희가 밖에 있었어요! 이제야 아희가 아직도 우리를 찾고 있을 것이라는 생각이 들었습니다. 시계를 보니 한참이 지난 후였지요.

내가 여기에서 쉬는 동안 아희는 밖에서 우리를 기다리고 있었을 텐데 말이에요. 꼭꼭 숨은 우리가 나타나지 않아 어딘가에서 헤매고 있진 않겠죠?

나는 벌떡 일어나 밖으로 나왔습니다. 갑자기 불안한 마음에 가슴이 두근거렸습니다. 후다닥 뛰어 교회 마당으로 나왔는데 아희가 보이지 않았어요!

"아희야! 아희야! 어디 있어!"

나는 목청껏 아희를 불렀습니다. 교회 마당에 내리쬐는 햇볕이 너무 뜨거웠습니다. 아희가 눈을 가리며 기대고 있던 나무 기둥에는 아희의 그림자도 남아 있지 않았습니다. 이렇게 뜨거운 한낮에 아희를 혼자만 두다니! 죄책감에 눈물이 났습니다.

"아희를 같이 데리고 온 거니? 그런데 왜 집에 있다고 했어? 너희 만나서 얘기한 것이 한참인데! 여태껏 애를 혼자 밖에 있게 했구나. 응?"

내가 뛰어나오는 모습을 보고 뒤따라온 목사님이 물었습니다. 나는 고개를 푹 떨구었습니다.

"그냥…… 아희가 얄미워서 잠깐 숨어서 약 올리려던 것이었는데…… 잊어버렸어요. 밖에 혼자 놔둔걸……."

내가 울먹이면서 대답하자 옆에 있던 가영이도 어쩔 줄을 몰라 했습니다. 같이 데리고 온 책임 때문인지 가영이의 얼굴도 새하얗게 질려 있었지요.

"지금 그게 문제가 아니지. 어서 이 근방을 다 찾아보자. 응? 부모님께도 일단 전화를 해 두어야겠어. 자, 가영이 넌 저쪽으로 가 보고 연희 너는 뒤쪽을 살펴봐. 어서!"

목사님은 휴대전화를 꺼내 우리 집에 전화를 걸었습니다. 내 가슴은 너무 세게 뛰어서 심장이 밖으로 튀어나올 지경이었습니다. 이대로 아희를 못 찾는다면…… 아, 생각하기도 싫습니다. 아니, 그런 일이 있어서는 안 돼요!

나는 아희를 애타게 부르면서 교회 앞 큰길까지 나가 보았습니다. 걸어서 20분은 넘게 걸리는 길인데다 아희는 이 근방 길도 모를 겁니다. 그 조그만 아이가 어디로 갔을까요.

"아직 못 찾았지? 나도 저쪽으로 다 돌아봤지만 안 보여. 큰일이다. 에이, 나라도 진작 생각해서 아희를 데리고 들어오는 건데. 어떡하지?"

교회 뒤쪽에서 뛰어온 가영이가 헐떡거리면서 말했습니다. 잠깐 약 올릴 생각이었는데 일이 이렇게까지 커질 줄은 생각지도 못했어요. 나는 또 눈물이 나오려고 했습니다.

"너희 엄마, 아빠도 놀라실 텐데…… 에이, 내가 너에게 교회 오자고 하지 말 걸 그랬어."

가영이가 자기 잘못인 양 미안해 했습니다. 가영이 탓이 아닌걸요. 내가 아희를 미워하고 심술낸 탓이에요.

엄마 아빠에게 혼날 생각에 나는 겁이 났습니다. 그렇지만 아희를 찾지 못할 생각에 더욱 겁이 났지요. 사랑을 빼앗아 간 동생이지만, 그래도 내 동생인걸요.

아희가 '언니' 하고 부르던 모습이 떠올랐습니다. 처음 만났을 때 얌전히 발끝만 보고 있던 모습, 요구르트를 쪽쪽 빨아 먹던 모

아희야 어디 있어!
아희야!
어디 있어!
아희야!
어디 있어!
흑흑...
아희 야
아희야...
어디 있어!
아희...
아희...
아희야
어디 있어!
어디있어!!
아희야!!

습, 내가 읽던 착한 동생 수칙을 뜻도 모르면서 따라 읽던 똘망똘망한 모습…….

내가 동생 데리고 오자고 해서 우리 집에 오게 된 아이인데, 내 잘못으로 영영 잃어버리기라도 한다면…… 정말 어찌할 바를 모르겠습니다.

정신없이 뛰어다닌 탓에 머리는 온통 땀으로 젖었고 얼굴은 눈물 범벅이 되었지만 지금 그런 것이 문제가 아니었습니다.

"교회 안에도 없구나. 큰일이네. 아희 아버지도 지금 회사에서 급히 오고 계신단다. 아무래도 경찰에 신고하는 게 좋겠어."

교회 안에서 나오면서 목사님이 말했습니다. 목사님의 얼굴도 상기된 채 땀으로 뒤범벅이 되어 있었습니다.

"교회 문이 잠겨 있어서 아희는 안에 들어오지 못했을 거예요. 아, 정말 어디로 간 걸까?"

교회 문은 잠겨 있어서 아희가 들어왔을 리가 없었습니다. 가영이와 나는 교회 뒤쪽으로 돌아가면 항상 열려 있는 뒷문이 있다는 걸 알지만, 어린 아희는 그 문을 몰랐을 거예요.

"일단 너희는 집으로 가 있는 것이 낫겠다. 부모님도 곧 오실 테니 이 근방은 우리가 다시 찾아보도록 하마. 가영이나 연희도 많이 놀랐을 테니 집에 가서 기다리고 있거라. 혹시 연락이 올 수도 있으니까 잘 지키고 있어야 한다. 응?"

그러면서 목사님은 우리를 집으로 보냈습니다. 우리는 할 수 없이 터덜터덜 집으로 향했습니다.

3 어디로 간 거지?

"금방 찾을 수 있겠지? 그럴 거야. 너무 걱정 마."

가영이가 나를 보면서 말했습니다. 가영이 말처럼 그렇게 되었으면 좋겠어요. 꼭 그래야만 해요. 이대로 아희가 없어진다면 나는 평생 동생을 미아로 만든 죄인이 될 테니까요.

"다들 아희만 예뻐하는 게 싫었어. 내 자리를 뺏긴 것 같은 기분이었어. 아희를 괜히 데리고 왔다고, 차라리 다시 전처럼 나 혼자면 좋겠다고 생각했지만, 정말 없어지길 바란 건 아니야. 흑흑."

가영이에게 얘기를 하다가 마음이 북받쳐서 다시 울음이 터졌습니다. 나도 어떻게 해야 할지 모르겠습니다.

"동생 생기면 다 그런가 봐. 나영이 태어나고 다들 나영이만 귀여워해서 얼마나 속상했는데. 나영이가 귀엽긴 하지만, 모두들 나영이만 보고 있는 건 정말 못 참겠거든. 나에게는 아무도 신경을 안 쓰는 것 같고, 내 것을 다 뺏긴 것 같았어. 너만 마음이 나빠서 그런 것은 아니야."

가영이가 내 손을 잡으면서 위로했습니다. 가영이도 나와 같은 마음을 가졌었지만 나영이를 잃어버리지는 않았잖아요. 가영이도 지금 내 심정을 이해하지는 못할 거예요.

"어? 연희야! 저거 아희 신발 아니야?"

갑자기 뭔가를 발견한 가영이가 내 손을 잡아끌었습니다.

가영이가 가리키는 곳에는 정말 아희가 신고 나갔던 신발이 놓여 있었습니다!

"여기 배수구 사이에 끼어서 신발을 못 꺼냈나 봐. 어, 그렇다면 여길 지나갔다는 말인데?"

빗물이 빠지는 배수구 사이에서 신발을 꺼낸 가영이가 말했습니다. 바로 그 신발이었습니다. 아희가 신는 게 못마땅해서 골을

냈던 옛날 제 구두였지요. 아희가 바로 옆에 있었는데도 아희가 신는 게 싫다고 그렇게 신경질을 부렸습니다. 그래도 아희는 이 구두가 좋아서 자신의 발을 자꾸 보면서 걸었습니다.

내가 짜증을 내면서 손도 안 잡아 줬는데 열심히 나를 따라 걸었지요. 일부러 빨리 앞장서 갔는데도 종종 뛰며 나를 따라왔습니다. 이 구두를 신고요.

신발을 보니 아희에게 더욱 미안한 마음이 생겨서 가슴이 더욱 아팠습니다.

"아희가 어떻게 여기까지 왔을까? 길도 모를 텐데……. 이 길을 지나갔으면 혹시 집에 가 있는 건 아닐까? 아, 잠깐!"

가영이는 말을 하다 말고 근처에 있는 구두 수선 집 문을 열었습니다.

"저, 아저씨, 혹시 여기로 지나가는 꼬마 못 보셨어요? 나이는 여섯 살이고요, 빨간 원피스를 입었거든요."

"글쎄…… 안에만 계속 있어서 잘 모르겠는데. 바깥을 잘 볼 수가 없으니."

수선공 아저씨가 고개를 갸웃하며 대답했습니다.

"빨간 원피스 입은 애? 아까 저 횡단보도로 건너가는 걸 본 것도 같은데? 조그만 애가 혼자 가는 걸 언뜻 보긴 봤어."

구두 수선 집에 앉아 있던 아주머니가 하는 말에 우리는 얼굴을 마주 보고 눈을 동그랗게 떴습니다.

"정말요? 그 애가 여기로 지나간 거 맞죠? 제 동생인데요, 없어져서 찾고 있거든요. 분명히 저 앞 횡단보도로 간 거죠? 그렇죠?"

나는 너무나 떨리고 놀란 마음에 아주머니에게 재차 물었습니다. 이 길로 지나갔다면 정말 집으로 향하는 길로 갔다는 게 맞거든요.

"어쩌다 동생을 잃어 버렸니? 아휴, 이를 어째. 저 앞으로 간 걸 봤으니까 얼른 저쪽 길로 가 보렴. 미리 알았으면 좀 잘 봐 두는 건데……. 엄마가 그 앞에 있나 했지, 설마 어린 애가 혼자 그렇게 가는 줄 알았나."

아주머니 말에 우리는 지체할 겨를도 없이 달렸습니다. 더 빨리 달리고 싶은데 너무 떨리고 걱정되는 마음에 다리가 후들거려 속도를 낼 수가 없었습니다.

아희야, 제발 집에 있어 줘! 이대로 못 찾으면 안 돼!

가영이와 나는 집까지 한숨에 달려왔습니다. 숨을 헐떡이며 엘리베이터 앞에 도착했습니다. 엘리베이터는 꼭대기 층에 있었아요. 엘리베이터가 1층까지 내려오길 기다릴 수 없었습니다. 가영이와 나는 계단을 뛰어올라가기 시작했습니다. 8층까지 올라가야 하지만, 다리 아픈 것이 문제가 아니었어요.

숨은 턱 끝까지 차고 서 있을 수도 없이 다리에서 힘이 빠졌습니다. 드디어 눈앞에 우리 집이 보였어요. 제발…… 제발…….

"아희야!"

가영이가 큰 소리로 내 동생을 불렀습니다. 아, 아희가 집 앞에 쭈그리고 앉아 있는 게 아니겠어요! 간절했던 기도를 하느님이 들어주었나 봐요!

"언니!"

아희가 꾀죄죄한 얼굴로 일어났습니다.

"언니!"

아희가 나를 부르며 울음을 터트렸습니다. 아희의 우는 모습을 보니 나도 눈물이 쏟아졌습니다.

"아희야! 어떻게 여기로 왔어! 언니가 미안해. 언니가 정말 미안해. 엉엉."

나는 아희를 덥석 끌어안고 펑펑 울었습니다. 아희가 없어졌을까 봐 조마조마하던 긴장이 풀리면서 눈물이 멈추지 않았습니다.

"정말 다행이다."

가영이도 코를 훌쩍였습니다.

"아참, 목사님과 엄마 아빠한테도 전화해 드려야지. 엄청 걱정하고 계실 텐데."

가영이 말에 우리는 집 안으로 들어가 전화를 했습니다. 엄마의 휴대전화로 사실을 전하는데 엄마는 잘됐다, 하면서 전화를 끊었습니다. 목소리를 들으니 엄마도 얼마나 놀라고 걱정했었는지 알 수 있었습니다. 엄마 아빠를 보면 어떻게 말을 해야 하나…… 막상 아희를 찾고 나니 그게 걱정되기 시작했습니다.

"그런데 아희야, 너 정말 걸어서 여기까지 온 거야? 길도 모르잖아. 진짜 신기하다."

가영이가 아희의 얼굴을 닦아 주면서 물었습니다. 울면서 왔던 아희의 얼굴도 땀과 눈물 자국으로 정말 길 잃은 아이 같은 얼굴이었지요.

"아까 봤던 거 생각하면서 왔어. 이렇게 쭉 오다가, 저쪽으로 쭉 갔지."

아희가 손으로 방향을 가리키면서 열심히 설명했습니다. 그런 아희 모습에 가영이가 피식 웃었지요.

801

"네 동생 정말 똑똑하다. 딱 한 번 간 길을 어떻게 기억했을까? 겨우 여섯 살인데 말이야. 야, 너보다 낫지 않니?"

이제 아희를 찾았다는 안도감 때문인지 가영이가 낄낄 웃으면서 말했습니다.

"근데 신발 잃어 버렸어. 꾹 끼어서 못 뺐어. 언니 신발……."

아희가 내 눈치를 살피면서 조심스럽게 얘기했습니다. 신발이 벗겨져 양말만 신은 발로 집까지 걸어왔을 아희를 생각하니 코끝이 찡했습니다.

"여기 있어. 언니가 찾아서 가지고 왔어. 이거 네 신발이야. 언니 것 아니고 네 신발."

나는 아희에게 구두를 주면서 다시 꼭 안아 주었습니다. 이렇게 어린 동생을 상대로 시샘하고 고생시킨 것이 정말 미안했지요.

이제 이 신발은 아희 것입니다. 이 집에 있는 것 모두 다, 내 것이 아니라 아희를 포함한 우리의 것입니다.

"아희야, 문이 잠겨서 집 안에 못 들어왔던 거야? 아, 비밀번호를 몰랐구나. 언니가 비밀번호 알려 줄게. 아니지, 이제 언니가 책임지고 널 데리고 다닐 거니까 번호는 몰라도 되겠다. 아희야, 언니만 믿어."

아희가 내 말을 알아들었는지 히죽 웃었습니다. 우리는 다 같이 편안하게 하루를 마감할 수 있었습니다. 아희가 무사해서 정말 다행입니다.

철학 돋보기

사랑의 관계를 위하여

연희는 숨바꼭질을 기회로 아희를 골탕 먹이려고 합니다. 그러다 목사님을 만나 시간을 보내는 가운데 아희가 자기를 찾고 있을 것이라는 사실을 깜빡 잊어버리게 되지요. 문득 아희 생각이 나서 찾아 나섰을 때 아희는 보이지 않았죠. 이때 연희는 어떤 생각이 들었을까요?

아희가 들어와 만들어진 사각형과 같은 관계에서 한 꼭짓점이 사라져 버렸을 때 비로소 연희는 없어진 관계의 중요성을 느끼게 됩니다. 연희가 받은 충격은 급작스런 관계의 소멸에 대한 두려움 때문입니다.

사람들에게 관계의 중요성을 알리기 위해 부버는 "영혼이란 내 속에 있는 것이 아니라 나와 너 사이에 있는 것이다"라고 말합니다. 영혼은 우리가 호흡하는 공기와 같다고도 합니다. 영혼은 인간에게 가장 소중한 것, 내면세계의 가장 중심이 되는 것이라고 말할 수 있습니다. 이렇게 중요한 영혼은 내 몸 안이 아니라 나와 다른 사람 사이에 있다는 것입니다. 그러므로 자신을 가장 아끼는 방법 즉, 자신의 영혼을 아끼는 방법은 나와 너의 관계를 잘 돌보는 일이 됩니다. 그것은 곧 사랑입니다. 사랑은 관계를 아끼는 것이고 그 관계에 책임을 지는 것입니다. 그래서 부버는 "사랑이란 너에 대한 나의 책임이다"라고 말했습니다. 사랑은 '나-너'의 관계로만 가능한 것입니다.

여러분은 관계를 얼마나 아끼고 잘 가꾸고 있나요? 관계를 아끼는 것은 곧 나를 아끼는 길이며, 책임 있는 사랑의 관계를 만드는 것은 내가 할 수 있는 일 가운데 가장 아름다운 일입니다.

4

이젠 미워하지 않아

참된 공동체는 모든 사람이 하나의 살아 있는 중심에 대하여 살아 있는 상호 관계에 들어설 때, 그리고 그들끼리 서로 살아 있는 관계에 들어설 때 이루어진다.

— 마르틴 부버

1 아희야, 미안해

"아희야!"

문이 열리면서 엄마와 아빠, 목사님이 급하게 들어왔습니다. 교회로 달려갔던 아빠와 엄마가 내 전화를 받고 목사님과 같이 오신 것이었습니다.

엄마는 아희를 와락 끌어안으면서 눈물을 흘렸습니다. 아빠도 옆에서 안도의 한숨을 쉬었지요.

"다시는 못 만나는 줄 알고 엄마가 얼마나 놀랐는 줄 알아? 다행이야, 정말 고마워. 아희야."

"아희가 한 번 간 길을 기억하고 찾아왔으니 다행이지 하마터면 큰일 날 뻔했습니다."

목사님도 흥분이 가라앉지 않은 목소리로 말하면서 손수건을 꺼내 이마를 닦으셨습니다. 나 때문에 모두 너무 놀라고 걱정을 했던 거예요.

"저, 전 그만 집에 가 볼게요. 안녕히 계세요."

머쓱하게 서 있던 가영이가 인사를 했습니다. 가영이마저 가고 나면 난 이제 혼이 날 것입니다. 아희를 미아로 만들 뻔했으니 야단을 맞는 게 당연하지요. 나는 금방 눈물이 쏟아질 듯한 얼굴로 안타깝게 가영이를 쳐다봤습니다.

"아이고, 그래. 가영이 네가 오늘 고생 많았다. 같이 찾느라고 힘들었을 거야. 조심히 가. 고맙다."

엄마가 가영이를 보내고 음료수라도 내오겠다고 주방으로 갔습니다.

"목사님도 괜히 저희들 때문에 애쓰셨습니다. 죄송합니다. 괜찮으시면 차 한 잔 드시고 가세요."

아빠가 목사님에게 자리를 안내했습니다. 아빠 엄마가 내게 아무 말을 하지 않으니까 더욱 불안했습니다. 폭풍 전의 고요함처럼 무슨 일이 벌어질 것 같다는 생각이 들었습니다. 빨리 야단이라도 맞는 게 나을 것 같았습니다. 어쩔 줄 모르고 쭈뼛 서 있는 나를 보고 아빠가 앉으라고 했습니다.

"오늘 제일 많이 놀란 사람은 연희일 거예요. 연희야, 이제 마음 놓으려무나. 엄마 아빠도 너를 야단치지 않겠다고 하셨어. 네 마음을 이해해 주지 못한 책임도 있다고 말이다."

목사님이 그렇게 말했지만 나는 고개를 들 수가 없었습니다. 누가 뭐래도 내 잘못이 크니까요.

"시원한 걸로 내왔어요. 좀 드세요. 자, 연희야, 너도 마셔. 어휴, 꼴 좀 봐요, 땟국물이 줄줄 흐른다. 하긴 얼마나 마음 졸이며 뛰어다녔겠어. 동생 좀 잘 데리고 놀으라니까……."

목사님의 말 때문인지 엄마는 더 이상 말을 잇지 않았습니다. 아빠는 아희를 무릎에 앉히고 음료수를 먹이고 있었고요.

"죄송해요. 잠깐 잘못 생각한 탓에 큰일을 낼 뻔했어요. 다시는 그러지 않을게요."

내가 고개를 푹 숙이고 기어 들어가는 목소리로 말하자 아빠가 내 어깨를 톡톡 쳤습니다.

"우리에게는 연희, 아희, 모두 소중해. 아희가 생겼다고 연희를 덜 사랑하는 건 아니란다. 그 마음 모르겠어?"

아빠 말에 고개를 끄덕이는데 눈앞이 흐려졌습니다. 철없이 행동한 것이 너무 후회가 되었습니다.

"근데 이건 뭐야? 착한 동생 수칙? 이거 연희 네가 쓴 거구나, 그렇지?"

엄마가 소파 옆에 떨어져 있던 종이 한 장을 발견하고 읽으면서 말했습니다.

"엄마 주세요, 장난으로 써 본 거라고요."

아희에게 따라 읽게 했던 수칙이 하필 이런 순간에 들킨 건 뭐예요. 나는 얼른 엄마에게서 종이를 빼앗았습니다.

"착한 동생 수칙이 아니라 꼭 노비 문서 같다. 언니 말에 복종, 무조건 양보, 뭐 그런 일방적인 규칙이 있니? 참."

엄마가 어이없다는 듯 웃었습니다. 나는 얼굴이 빨갛게 달아올라 아무 말도 하지 못했지요.

"연희가 동생 생긴 걸 받아들이기 힘들었던 모양이구나. 그럴 거야. 외동딸로 사랑만 받다가 갑자기 환경이 달라졌으니 당연히 그랬겠지."

목사님이 나를 대신해서 내 마음을 알아주었습니다. 바로 그거였어요. 지위, 추락…… 내 자리가 밀려나는 느낌……. 동생을 만난 게 좋은 점도 있지만 그렇지 않기도 했어요. 하지만 좋은 점만 생각할래요. 나는 이제 아희를 미워하지 않아요.

2 동생은 '그것'이 아니야

"연희야, 너는 왜 동생이 있었으면 좋겠다고 생각했니?"

목사님이 다정한 목소리로 물었습니다.

"그게…… 애들이 다 동생 얘기하는데 나만 없었거든요. 가영이도 동생이 생겨서 만날 동생 자랑하고……. 그래서 나도 착하고 말 잘 듣는 동생이 있었으면 했어요."

"착하고 말 잘 듣는 동생? 그게 어떤 동생이지?"

목사님의 말에 다시 내가 대답했습니다.

"내가 시키는 건 다 하고, 내 대신 심부름도 잘 하고, 울지도 않고, 짜증내지도 않고, 떼 쓰거나 욕심도 내지 않고, 나한테 양보하고…… 뭐 그런 거요."

"그게 기계나 인형이지 사람이냐?"

옆에서 엄마가 한마디했습니다. 엄마 말에 아빠와 목사님도 웃으셨지요. 나는 진지하게 얘기하는데 웃으니까 놀림 받은 기분이었습니다. 그런 요구가 어때서요? 동생이라면 언니에게 당연히 그렇게 해야 하는 거 아니겠어요?

"연희 동생 되기가 꽤 까다롭겠는걸? 그 정도로 엄격한 조건이면 합격할 만한 동생이 있을까? 허허허."

목사님의 말에 엄마, 아빠 모두 큰 소리로 웃었습니다. 점점 더 놀림이 심해지는 것 같아요.

"아희가 아직 어려서 그렇지, 조금만 크면 너의 말도 안 되는 수칙 같은 거 따르기나 하겠어? 대들지 않으면 다행이지."

아빠 말에 엄마도 당연하다며 덧붙였습니다.

"착한 동생은 착한 언니가 만드는 거야. 너는 아희에게 어떤 언니가 될 것인가 생각해 봤니? 아희에게 동생으로서의 의무만 요구하고 말이야."

"그럴 거였으면 처음부터 동생 같은 거는 원하지도 않았을 거라고요."

"연희야, 낮에 '나-너'의 관계에 대해 말했었잖니?"

목사님이 뚱하게 있는 나에게 말했습니다.

"부버가 말했다는 '근원어' 그거요?"

여전히 뚱한 목소리로 내가 대답했어요. '나-너', '나-그것' 얘기를 했었잖아요. 가영이가 물고기 이름 같다고 해서 기억하고 있었지요. 그래서 근원어가 생각났어요.

"그래, 잘 기억하고 있구나. 근원어에는 '나-너'와 '나-그것'이 있다고 했지? 연희 네가 동생을 '나-그것'의 관계로 대하는 것 같구나."

"'나-너'의 관계란 상대를 진실한 마음으로 대하는 거지만, '나-그것'은 목적과 조건으로 대하는 거란다. 네가 동생이 필요한 이유를 죽 말했듯이, 조건으로서 '너'를 바라보는 거지. 연애할 때 사람들이 조건을 먼저 따지는 것도 '나-그것'의 관계와 같은 거야."

"그래서 요즘 젊은 사람들은 조건만 보고 연애하다가, 조건이 달라지면 금방 헤어지나 봅니다. 거기에 '나-너'가 깃들어야 할

착한 동생 수칙?
넌 어떤 언니가 될것인지…
일방적인 계약
노비문서 같다.
장난으로 써본 거라구요…
착한 동생은 착한 언니가 만드는 거야
기계고 인형이지.
사람이냐?
나 - 그것 X
나 - 너 O
그런 거였으면
동생같은 거
하지도 않았을 거라구요…
동생에게 어떤 언니가 될것인가 생각해 봤니?
아희는 기계도 아니고 인형도 아니야.
ON
OFF

텐데 말이지요.”

아빠 말에 목사님이 고개를 끄덕였습니다.

“이렇게 연희네 식구처럼 ‘너’를 진심으로 대하면 세상의 여러 문제들이 없어지겠지요. 부버가 바랐던 것도 그것입니다. 부버 자신이 유대인이면서 팔레스타인 사람들에게 땅을 돌려주자고 주장했지요. 모두 ‘나-너’의 삶을 살기 바라는 마음에서겠지요.”

“돈 버는 것에만 혈안이 되어 돈만 있으면 무엇이든 다 되는 것처럼 생각하는 사람들이 있어요. 그런 것도 ‘나-그것’의 관계가 아닐까요? 친구를 사업 상대 정도로 생각하고, 필요할 때만 전화해서 부탁하는 것도 마찬가지 경우인 것 같아요.”

“맞습니다. 참 안타까운 일이지요.”

목사님과 엄마가 대화를 하는데 아빠가 작은 소리로 끼어들었습니다.

“아희가 잠들었어요. 많이 피곤했나 봐요. 그 먼 거리를 이 작은 발로 걸어왔으니 오죽 힘들었겠어. 여보, 이불 좀 잘 펴 줘요. 눕히게.”

아희가 깰까 봐 소곤소곤 말하면서 아빠는 아희를 번쩍 안아 침실로 데리고 들어갔습니다.

"정말 용하지요. 저 어린 애가 어떻게 집을 찾아왔을까?"

아희를 방에 눕히고 나오면서 엄마가 말했습니다.

"하느님이 보살펴 주셨겠죠. 안 그렇습니까? 목사님."

"그럼요, 그럴 겁니다. 이 가정이 따뜻한 마음과 사랑이 가득한 걸 아시니까 꼭 다시 돌아올 수 있도록 천사가 길을 안내해 주었을 거예요."

내가 생각해도 정말 그런 것 같았습니다. 세상에는 믿지 못할 기적도 생기고 신기한 일도 많잖아요. 내 동생에게 이런 기적이 생겨서 참으로 다행입니다.

내가 아희를 '그것'으로 대했다는 목사님의 말씀을 듣고 정말 부끄러웠어요. 내가 어떻게 아희를 '나와 그것'으로 대했는지, 근원어는 무슨 말인지 교회에서 미처 다 듣지 못한 목사님 얘기를 듣고 싶었어요. 아까도 들었던 말이지만 사실 제대로 이해되지는 않았거든요.

"그런데 목사님, 근원어라는 것에 대해 좀 더 자세히 설명해 주세요. 그 개념이 잘 이해가 되지 않아서요."

"목사님도 바쁘실 텐데 저희가 너무 오래 붙잡는 것 같아요. 연희야, 그건 다음에 듣자. 응?"

엄마가 목사님 시간을 빼앗는 것 같다며 만류했습니다. 에이, '나와 그것' 에 대해 궁금했는데 아쉽습니다. 다음 번에는 들을 수 있겠지요?

3 착한 언니가 될게

"아닙니다. 배우려는 학생을 가르치는 건 아주 큰 보람이지요. 허허. 자, 근원어란, 가장 근원적인 모습이라는 뜻으로 이해할 수 있을 거야. 사람은 개인으로 존재하기 전에 이미 '나-너' 라는 관계로 존재했었다는 말이지. '나-너' 라는 말은 '나' 라는 말과 '너' 라는 말을 연결시킨 파생어나 연결어로 이해하면 안 돼. '나-너' 라는 것 자체가, 즉 관계 자체가 근본적인 세계의 모습이라는 것이야."

"아까도 들어서 그건 알겠어요. 근원어라는 건, 그러니까 단어 아니라 상태를 의미하는 거죠? 처음부터 근원 상태라고 했으면 이해하기가 쉬웠을 텐데 왜 '근원어' 라고 했는지 모르겠어요."

나는 고개를 갸웃하며 물었습니다.

"그건 '말' 이라는 단어가 가진 특성 때문이지. 우리는 말이 의사를 전달하기 위한 수단으로만 이해하잖니? 말이 우리의 생각을 형성한다는 생각은 잘 못하고 말이야."

"네? 그건 무슨 말씀이시죠?"

목사님의 말이 더 아리송했습니다.

"말은 우리의 생각을 전달하는 도구 정도가 아니라, 그보다 훨씬 더 복잡하고 중요한 것이지. 우리의 생각 자체가 말로 이루어져 있거든."

"생각이 말로 이루어졌다고요?"

"그럼. 벽돌 없이 벽돌집이 없는 것처럼, 말이 없으면 생각이 없단다. 그래서 부버는 '말이 사람 안에 있는 것이 아니라, 사람이 말 안에 있다' 라고 말하고 있지. 그리고 '우리가 말을 하는 것이 아니라, 말이 말을 한다' 라고 했단다. 물론 모든 말이 그런 것이 아니라, 참된 존재의 길을 드러내는 진리의 말은 인간의 입을 통해 스스로 말한다는 뜻이라고도 할 수 있지. 어때, 조금 어렵게 들리지?"

목사님의 계속 말씀을 들으니 뭔가 알 듯했습니다. '근원어' 라는 말로 굳이 표현한 것도 이유가 있었던 거였네요.

"정말 심오한 말입니다. 아, 그런 진리의 말을 듣는다면 공감하지 않을 수가 없겠는데요."

아빠가 옆에서 고개를 끄덕였습니다. 감명을 받았나 봐요.

"바로 그렇습니다. 저절로 공감할 수밖에 없는 이유는 그 말이 내 머릿속에서 만들어진 억지가 아니라, 이미 존재하고 있는 말이 내 입으로 나와 다른 사람의 생각에 공명을 불러일으켰기 때문이지요. 그 말은 이미 다른 사람들의 생각 속에 있었지만 단지 그 사람에게서 나오지 않았을 뿐이란 겁니다. 지금 부버의 철학을 들으면서 우리가 공감하고 있는 것처럼 말이지요."

"그런데 당신, 회사 다시 안 가 봐도 돼요? 일하다가 온 건데 가야 하지 않아요?"

엄마가 시계를 쳐다보다가 말했습니다.

"아이고, 내 정신 좀 봐. 아희 없어졌다는 말에 회사에 가는 걸 까맣게 잊었지 뭐야. 목사님의 좋은 말씀에 빠져서 회사 가는 것도 잊었네요. 하하."

아빠가 일어서자 목사님도 따라 일어섰습니다.

"저도 교회 일도 잊고 이렇게 앉아 있었네요. 허허. 아무튼 연희야, 아희를 사랑해 주고 잘 보살펴 주렴. 좋은 언니 밑에 좋은 동생이 있는 것 아니겠니?"

그러면서 아빠와 목사님은 현관을 나섰습니다.

엄마와 둘이 남게 되자 슬쩍 긴장이 되었습니다. 목사님이 있어 다 하지 못한 야단이 이어질 것만 같아서 말입니다.

"연희야, 배고프지? 우리 뭐 만들어 먹을까? 핫케이크 어때?"

예상과는 다르게 엄마가 다정하게 말하시는걸요. 휴, 큰일 저지른 탓에 엄청 야단맞을 줄 알았는데…… 살았어요!

"아까 아빠 말씀 들었지? 연희나 아희나 우리에게는 똑같아. 연희 너를 사랑하던 마음은 하나도 줄지 않았어. 낯선 곳에 온 새 식구니까 잘 적응하도록 좀 더 신경을 쓰는 거지, 너에게 주던 마음을 빼앗아서 아희에게 주는 것이 아니야. 사랑은 나눌수록 커진다는 거 알지?"

엄마는 나를 한 번 꼭 안아 주고는 냉장고에서 계란과 우유를 꺼냈습니다.

"엄마, 내가 잘 섞을게요. 이리 주세요."

나는 엄마가 들고 있던 핫케이크 가루를 받아 들고 그릇에 부었습니다. 세탕잡으로 우유도 붓고, 계란도 깨뜨려 넣었지요.

거품기로 살살 젓자 반죽이 만들어졌습니다. 몇 번 해 본 일이라 익숙하답니다.

"다 됐구나? 프라이팬이 달구어졌으니 굽는 건 엄마가 할게."

"아희 줄 것도 남겨 둬요, 엄마. 미리 구워 놓으면 식어서 맛이 없으니까 반죽으로 그냥 두는 게 좋겠어요. 핫케이크는 뜨거워야 진짜 핫케이크잖아요."

나는 엄마가 핫케이크를 굽는 걸 보다가 조용히 아희 방으로 들어갔습니다.

쌔근쌔근 자는 아희를 보니 마치 천사 같았어요. 전혀 낯선 동네에서 처음 보는 사람들과 살게 되었으니, 아희는 얼마나 힘들었을까요. 너무 내 생각만 하고 아희 생각은 하지 않은 것 같아 미안한 마음이 들었습니다.

이 방만 해도 사실은 이것저것 창고처럼 쌓여 있던 곳이라 놀기에는 좋았지만, 사람의 온기는 하나도 없는 곳이었습니다. 그런데 아희가 이 방에서 자고 있으니 따뜻한 온기가 느껴져요.

나는 아희의 손을 살며시 잡아 보았습니다. 처음 만났을 때, 내가 이끄는 대로 계단을 따라 내려오며 잡았던 손.

아희는 내가 어떤 사람인지도 잘 모르면서 나를 따랐지요. 집에 와서도 나를 졸졸 따라다녔는데…….

아희야, 이제 언니가 잘 돌봐 줄게. 착한 언니 수칙을 만들어서 잘 지킬게. 넌 내 동생이야. '나-그것'의 관계가 아니라 진정한 '나-너'의 관계로 지켜 줄게. 아희야.

철학 돋보기

진정한 공동체를 위한 관계

아희를 다시 찾은 사건을 계기로 연희는 관계의 소중함을 깨닫고 아희와 '나-너' 관계를 만들 것을 다짐합니다. 그리고 이를 위해 자신이 먼저 변해야 한다는 것을 알게 되죠.

가족 내에서 연희가 느낀 존재감의 변화와 실제 가족들이 연희를 대하는 진심은 달랐다는 것을 우리는 알 수 있습니다. 다시 말해, 연희는 아희가 가족이 됨으로써 자신의 지위는 추락하는 것으로 느꼈지만, 사실은 그게 아니라 관계의 조정이 이뤄지고 있었을 뿐입니다.

우리도 연희와 같은 생각 때문에 다른 사람을 힘들게 한 적은 없었나요? 내가 속한 모임에 새로 들어온 친구에게 괜스레 텃세를 부리거나 차별했던 적은 없었나요? 혹시 '형이나 언니로서 동생을 미워하고 동생이 없어져 버렸으면 좋겠다' 라고 생각했던 적은 없었나요? 그런 마음이 드는 것은 너무나 당연합니다. 심지어 '카인 콤플렉스' 라는 말도 있으니까요. 성서에 따르면 카인과 아벨은 인류 최초의 형제인데, 동생을 시기한 형이 동생 아벨을 죽여 인류 최초의 살인자가 되고 맙니다. 이처럼 동생이 생긴다는 것은 형에게는 큰 부담일 것입니다.

하지만 우리는 이것을 극복할 수 있어야 합니다. 함께 사는 이 세상이 살기 좋은 세상이 되려면 '나-너' 관계를 모든 사람들 사이에 이룩해낼 수 있어야 하는데, 그것은 나부터 시작되어야 할 일입니다. 나부터 시작된 '나-너' 의 관계가 모든 인간관계에서 이루어질 때 이 세계는 진정한 공동체가 될 것입니다.

우리의 인간관계는 어떤 모습인지, 우리 가족의 분위기는 어떤지, 우리 학급, 우리 동아리, 내가 속한 공동체의 모습은 어떠한지 한 번 곰곰이 생각해 봅시다. 그리고 변화가 필요하다면 그 출발점은 '내가 맺은 관계' 에서부터입니다.

에필로그

"어제는 그래서 안 혼나고 그냥 넘어갔단 말이야? 너희 부모님 진짜 좋으시다. 내가 그랬으면 난 벌써 끝장났을 거야. 나영이가 아직 못 걸어서 다행이야."

학교 가는 길에 만난 가영이가 어제의 일을 듣고 말하는 겁니다. 자기가 간 뒤로 내가 야단을 맞았을 것 같아 걱정했다는 거예요.

"야단은 무슨. 오히려 더 잘해 주시던데? 어쨌든 다시는 그러지 않으려고. 막상 동생이 없어지니 그 소중함을 알겠어."

"그래서 있을 때 잘해, 그런 말을 하잖아. 나한테도 잘해, 나 없으면 준비물 안 가져 왔을 때 누구한테 빌릴래?"

"너도 마찬가지야! 필통도 자주 빼 놓고 오면서 큰 소리는!"

"수학 숙제도 안 해 와서 내 것 베껴 쓰면서! 흥!"

"너 가방 잃어버렸을 때 찾아 준 사람이 누구야? 응? 누구지?"

우리는 서로 자기가 더 필요한 사람이라고 우기면서 실랑이를 했습니다. 그러다가 마주 보고 깔깔 웃었지요. 누가 더 필요한 사람이라고 할 것 없이 우리는 서로에게 소중한 친구였습니다.

"이게 목사님이 말씀하셨던 '나-너' 관계인가 봐. 그치? 필요나 목적, 조건 때문이 아니라 우리는 그냥 친구니까. 나 없이 너 없고, 너 없이 나 없고."

내 말에 가영이가 눈웃음을 치면서 말했습니다.

"이 안에 너 있다."

친구들 사이에서 유행했던 말을 하면서 가영이가 내 손을 자기 가슴에 댔습니다.

"야, 네가 하니까 공포다, 공포. 그 눈 좀 어떻게 해 봐. 웩!"

나는 토하는 시늉을 했습니다. 물론 장난이었지만요.

내 모습을 보면서 가영이가 깔깔 웃었습니다. 가영이 장난도 못 말린다니까요.

교실로 들어온 나는 종이 한 장을 꺼냈습니다.

음…… 뭐부터 쓸까? 턱을 괴고 가만히 생각하다가 1번부터 써 내려갔습니다.

1. 동생을 사랑으로 대한다.

2. 동생 부탁은 잘 들어준다.

3. 동생에게 양보한다.

4. 동생이 내 물건을 만져도 화를 내지 않는다.

5. 동생이 있음을 기쁨으로 여긴다.

"이게 뭐야? 답안지 쓰는 거야?"

언제 왔는지 가영이가 쳐다보고 있었습니다.

"응, 그런 게 있어. 착한 언니 수칙."

"뭐? 진짜 재밌다. 히히."

내 말에 가영이가 웃으면서 말했습니다.

"어제 일이 충격이 컸구나. 암튼 잘 생각했어. 난 아직 이런 것까지 써서 붙여야 할 때는 아니지만, 네가 먼저 잘해 봐. 나중에 나에게 잘 가르쳐 주고."

가영이가 자리로 돌아가고 나는 흡족하게 내가 쓴 수칙을 다시 읽었습니다. 이 수칙을 잘 지키기만 한다면 완벽한 착한 언니가 되겠죠? 아희에게 좋은 언니가 되도록 노력할 거예요.

이제 더 이상 심심하지 않고 외롭지도 않아요. 나는 나만 아는 외동딸이 아니에요.

아희 언니, 연희랍니다!

통합형 논술 활용노트

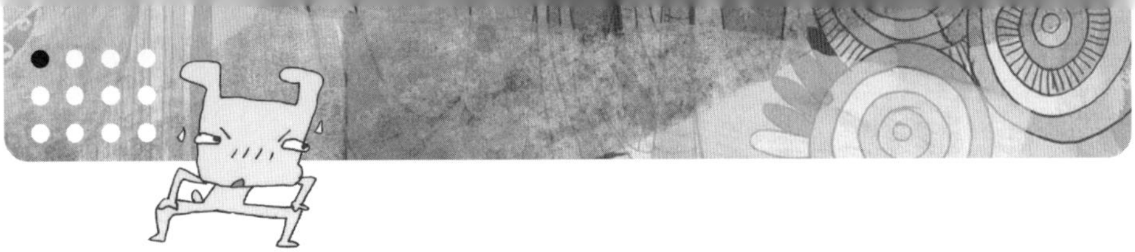

01 다음 제시문을 읽고 물음에 답하시오.

(가) "'나와 너'의 관계란 상대를 진실한 마음으로 대하는 거지만, '나와 그것'은 목적과 조건으로 대하는 거란다. 네가 동생이 필요한 이유를 죽 말했듯이, 조건으로서 '너'를 바라보는 거지. 연애할 때 사람들이 조건을 먼저 따지는 것도 '나와 그것'의 관계와 같은 거야."

"그래서 요즘 젊은 사람들은 조건만 보고 연애하다가, 조건이 달라지면 금방 헤어지나 봅니다. 거기에 '나와 너'라는 관계에 대한 개념이 깃들어야 할 텐데 말이지요."

아빠 말에 목사님이 고개를 끄덕였습니다.

"이렇게 연희네 식구처럼 '너'를 진심으로 대하면 세상의 여러 문제들이 없어지겠지요. 부버가 바랐던 것도 그것입니다. 부버 자신이 유대인이면서 팔레스타인 사람들에게 땅을 돌려주자고 주장했지요. 모두 '나와 너'의 삶을 살기 바라는 마음에서겠지요."

"돈 버는 것에만 혈안이 되어 돈만 있으면 무엇이든 다 되는 것처럼 생각하는 사람들이 있어요. 그런 것도 '나와 그것'의 관계 아닐까요? 친구를 사업 상대 정도로 생각하고, 필요할 때만 전화해서 부탁하는 것도 마찬가지 경우인 것 같아요."

"맞습니다. 참 안타까운 일이지요."

—《마르틴 부버가 들려주는 만남 이야기》중

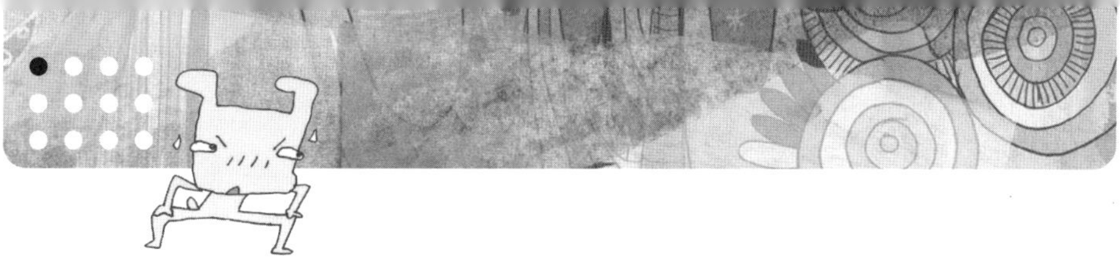

(나) "돈을 많이 주는 사장에게 노동자가 무슨 불만이 있겠니? 순순히 시키는 대로 동의하겠지. 그래서 그람시의 말대로 공장에서 자본가가 헤게모니를 갖게 되는 거란다. 자본이 사회의 중요한 축이 되는 자본주의 사회에서는 역시 자본가가 사회에서도 헤게모니를 갖게 되지 않을까?"

"맞아! 우리 학교에서도 돈 많은 사람이 힘이 센걸. 강하의 엄마처럼."

"그래. 학교뿐만이 아니라 사회 전체가 다 그렇지. 그런 걸 사회 구조적인 문제라고 한단다."

"개인의 문제가 아니라 사회의 문제라는 거네요?"

"응. 자본주의사회는 돈이 지배하는 사회야. 사회 구조적으로 자본가가 헤게모니를 가져서 이제는 노동자들이 아무 힘이 없게 돼 버렸지. 노동자들 사이에서도 정규직은 자본가에게 동의를 하고 비정규직이 행여 자기 밥그릇을 빼앗을까 봐 적대시하기도 하거든. 나 같은 힘없는 노동자는 싸워도 이건 끝이 보이지 않는 싸움이야."

—《그람시가 들려주는 헤게모니 이야기》중

1. 여러분이 제시문(가)에서 목사님이 비판하는 주요 내용은 무엇인지 적어 보시오.

2. 제시문(나)의 대화에서 자본주의사회와 노동자의 만남 그리고 관계를 제시문(가)의 목사님 입장에서 비판해 보시오.

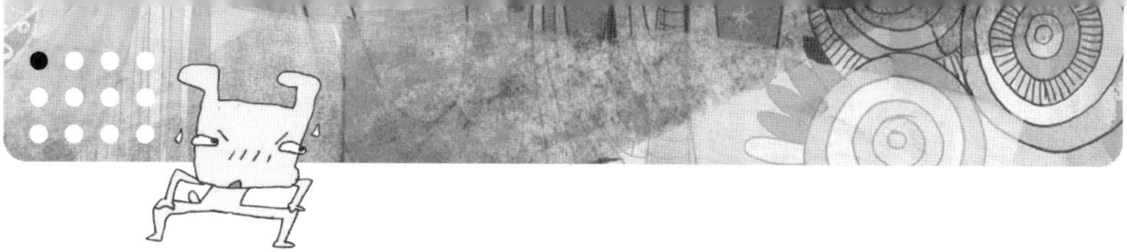

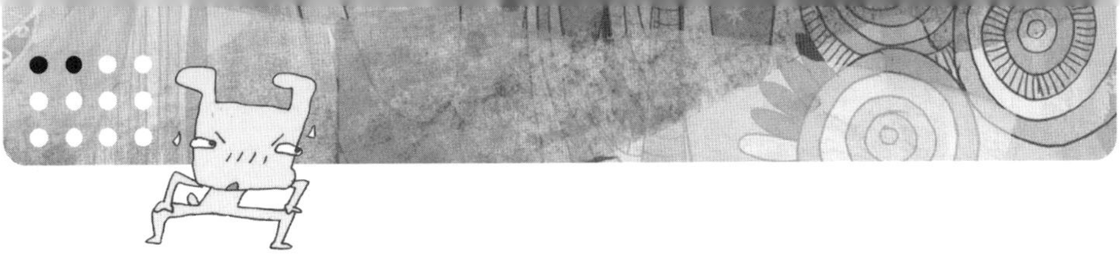

02 (가)를 읽고 '관계'의 의미를 명확히 파악한 후 (나)에서 로슈와 아프리카·아시아·라틴아메리카·동유럽의 현재 상황, 그리고 그들이 진정한 관계로 거듭나기 위한 방안을 이야기해 보시오.

(가) "연희가 배 속에 있을 때의 초음파 보셨지요? 아기는 태아 시절의 엄마와 자신에 대한 기억을 갖고 있어요. 그래서 잠시 깨어 있을 때에는 관계를 맺으려고 노력합니다. 아기가 앞을 보면서 손으로는 무언가를 만지려고 조물락거리는 모습을 보셨을 겁니다. 이는 아기가 만물을 '너'로 보면서 '너'와 만나려는 충동이 있음을 보여준다는 것이지요."

(……)

"허허. 첫 아이라 무척 감격스러우셨겠어요. 이렇게 인간은 태어날 때부터 관계 속에 있고, 따라서 관계가 근본적인 인간의 모습이랍니다. 그런데 태어나면서 인간은 관계를 점차 잊고, 자신의 존재만이 가장 근원적인 것으로 착각하게 되지요. 이러한 착각 가운데 가장 심각한 것이 자신이 세계의 중심에 있다는 생각 즉, 유아론이에요."

"그렇군요. 그런 의미에서 관계가 '나'보다 더 근원적이란 말씀이군요."

—《마르틴 부버가 들려주는 만남 이야기》 중

(나) 다국적 제약 회사들에게는 구매력이 강한 미국과 유럽 시장이 중요합니다. '국제공동행동 한국참가단'이 10월 9일에 발표한 성명에는 이

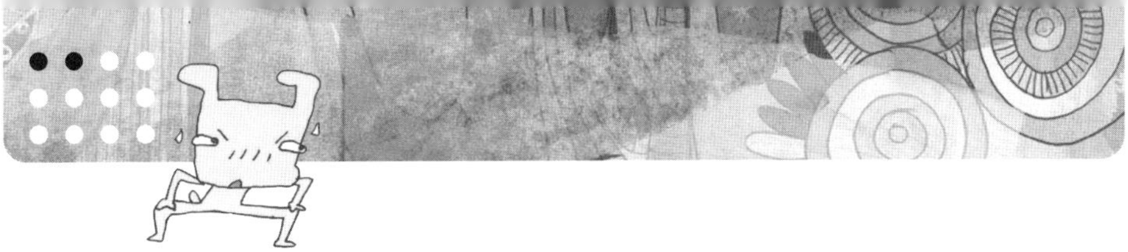

런 구절이 나옵니다. "로슈(스위스의 제약회사)의 지도에는 아프리카·아시아·라틴아메리카·동유럽이 없다. 전 세계 4천만 명이 넘는 감염인들이 살고 있는 곳, 전 세계 감염인의 90% 이상이 살고 있는 곳이 바로 아프리카·아시아·라틴아메리카·동유럽인데 말이다." 이렇게 세계인은 구매력이 있는 생명과 구매력이 없는 생명으로 나뉘는 것입니다.

— ㅇㅇ신문, 2008년 10월 17일자

통합형 논술 문제풀이

문제풀이

01 1. 제시문(가)의 목사님은 현대사회의 사람들이 남보다 '나' 자신을 먼저라고 생각하여 개인주의적이고 이기적인 모습이 되었다고 보고 있습니다. '나'라는 말은 독립적으로 쓰이는 단어가 아니고, 본래 '너'라는 단어가 있기 때문에 함께 쓰이는 말입니다. 즉 '나'는 '너'와 떨어져 사용할 수 없고, 항상 같이 하는 단어입니다. 그러므로 우리는 '나'를 먼저 생각하기 전에 '너', 그리고 '나-너' 관계를 생각해야 합니다. 현대 사람들이 항상 '나'를 먼저 생각하다 보니 다른 사람과의 만남에 있어 마음의 교류보다 이득과 손실을 먼저 따집니다. 그리고 좋은 환경을 찾아다니면서 나에게 더 도움을 주는 사람만 만나려 하고, 관계 맺으려 합니다. 현대사회를 사는 사람들의 이런 행동은 인간이 태초에 가지고 있던 관계를 무시하는 행위이며, 목적을 이루기 위한 수단, 도구로 사람을 인식하는 것입니다.

2. 자본주의사회에서 노동자는 자본가의 자본을 이용하여 물건을 생산하고, 노동의 대가로 임금을 받으며, 자본가는 노동자의 노동을 이용하여 이익을 남기고 또 다른 자본을 만듭니다. 사회구조는 여러 형태가 있는데 이 중 하나가 자본주의사회입니다. 자본주의사회에서 자본가가 노동자의 노동력을 이용하는 것은 당연한 것이자 바람직한 것으로 여겨집니다. 그러나 우리는 돈이라는 권력을 가졌다는 이유로 노동자의 인권을 무시한 사례들을 종종 보게 됩니다. 그리고 노동자 사이에서도 정규직, 비정규직으로 나뉘어 마찰이 생기기도 합니다. 이는 자본주의사회의 문제점으로 '나'를 먼저 생각하기보다 '너'와 '나-너'의 관계를 먼저 생각하면 해결될 수 있는 일입니다. 자본가는 노동자를 기계 혹은 이득의 수단으로 생각하지 않고 나의 가족, 함께 살아가는 공동체이자 인격으로 바라보면서 노동자에게 좋은 환경을 제공하면 업무 효율도 상승할 것입니다.

02 (가)에서는 '나'와 '너' 이전에 둘의 관계가 먼저 있었다고 주장

합니다. 하지만 커가면서 각 개인은 자신의 자아가 관계보다 앞선다는 착각, 즉 유아론에 빠진다고 합니다.

이러한 이론대로라면 (나)에서 로슈는 유아론에 빠져 있는 것과 다름이 없습니다. 로슈는 약을 만드는 회사입니다. 따라서 약을 필요로 하는 감염인들과 관계를 맺음으로써 존재 근거를 찾을 수 있습니다. 하지만 그들은 점차 나와 너를 분리하며 관계를 거부하고 자신만이 존재하는 것처럼 행동합니다. 그리고 환자들을 '그것'으로 취급합니다. 그래서 제약회사는 구매력이 있는 생명과 구매력이 없는 생명으로 고객을 나누며 정작 약이 필요한 90%의 감염인들을 외면하는 것이지요.

그들이 진정한 관계를 회복하기 위해서는 로슈 회사에서 다시 감염인들을 나를 있게 해 주는 '너'로 바라보아야 할 것입니다. 로슈가 있어야 할 이유는 바로 감염인들에게 약을 제공해 주는 것이기 때문입니다.